Christian Braunsteiner

Outsourcing im Zeichen der Wirtschaftskrise

Effekte, Faktoren, Chancen und Risiken

Bachelor + Master
Publishing

Braunsteiner, Christian: Outsourcing im Zeichen der Wirtschaftskrise. Effekte, Faktoren, Chancen und Risiken, Hamburg, Diplomica Verlag GmbH 2012
Originaltitel der Abschlussarbeit: Der Mehrwert von Outsourcing für Unternehmen im Fokus der wirtschaftlichen Rahmenbedingungen der letzten drei Jahre

ISBN: 978-3-86341-414-6
Druck: Bachelor + Master Publishing, ein Imprint der Diplomica® Verlag GmbH, Hamburg, 2012
Zugl. Fachhochschule Krems, Krems, Österreich, Bachelorarbeit, Mai 2012

Bibliografische Information der Deutschen Nationalbibliothek:
Die Deutsche Nationalbibliothek verzeichnet diese Publikation in der Deutschen Nationalbibliografie; detaillierte bibliografische Daten sind im Internet über http://dnb.d-nb.de abrufbar.

Die digitale Ausgabe (eBook-Ausgabe) dieses Titels trägt die ISBN 978-3-86341-914-1 und kann über den Handel oder den Verlag bezogen werden.

Dieses Werk ist urheberrechtlich geschützt. Die dadurch begründeten Rechte, insbesondere die der Übersetzung, des Nachdrucks, des Vortrags, der Entnahme von Abbildungen und Tabellen, der Funksendung, der Mikroverfilmung oder der Vervielfältigung auf anderen Wegen und der Speicherung in Datenverarbeitungsanlagen, bleiben, auch bei nur auszugsweiser Verwertung, vorbehalten. Eine Vervielfältigung dieses Werkes oder von Teilen dieses Werkes ist auch im Einzelfall nur in den Grenzen der gesetzlichen Bestimmungen des Urheberrechtsgesetzes der Bundesrepublik Deutschland in der jeweils geltenden Fassung zulässig. Sie ist grundsätzlich vergütungspflichtig. Zuwiderhandlungen unterliegen den Strafbestimmungen des Urheberrechtes.

Die Wiedergabe von Gebrauchsnamen, Handelsnamen, Warenbezeichnungen usw. in diesem Werk berechtigt auch ohne besondere Kennzeichnung nicht zu der Annahme, dass solche Namen im Sinne der Warenzeichen- und Markenschutz-Gesetzgebung als frei zu betrachten wären und daher von jedermann benutzt werden dürften.

Die Informationen in diesem Werk wurden mit Sorgfalt erarbeitet. Dennoch können Fehler nicht vollständig ausgeschlossen werden, und die Diplomarbeiten Agentur, die Autoren oder Übersetzer übernehmen keine juristische Verantwortung oder irgendeine Haftung für evtl. verbliebene fehlerhafte Angaben und deren Folgen.

© Bachelor + Master Publishing, ein Imprint der Diplomica® Verlag GmbH
http://www.diplom.de, Hamburg 2012
Printed in Germany

Abstract

The globalization of the economy and the changed environment for companies since the beginning of the economic and financial crisis require adjustments to meet the new requirements of the companies to remain competitive in the long term.

This paper examines the added value that the companies can generate for themselves by the use of outsourcing. Various sources in the areas of strategy, controlling, finance and outsources are investigated and discussed in order to gain new findings. The general factors of outsourcing are made in context with the current economic situation for businesses.

The findings of this thesis describe the possibility of holding available liquidity and their favor or ensure by outsourcing as an added value for the companies. Additional benefits include process savings and reduced capital commitment costs. Due to the risky side effects it is essential for the corporate success to be soundly prepared through the existence of an evaluated strategy as well as the awareness of the current situation and its implications.

Kurzbeschreibung

Die Globalisierung in der Wirtschaft sowie die veränderten Rahmenbedingungen für Unternehmen seit Einsetzen der Wirtschafts- und Finanzkrise erfordern Anpassungen der Unternehmen an die neuen Erfordernisse um langfristig im Wettbewerb bestehen zu können.

Diese Arbeit untersucht den Mehrwert, den Unternehmen durch den Einsatz von Outsourcing für sich selbst generieren können. Es werden unterschiedliche Quellen in den Bereichen Strategie, Controlling, Finanzierung und Outsourcing gesichtet und deren Inhalte diskutiert, um neue Erkenntnisse zu gewinnen. Die allgemeinen Faktoren um Outsourcing werden mit der aktuellen wirtschaftlichen Situation für Unternehmen in Kontext gestellt.

Die gewonnenen Erkenntnisse der Arbeit beschreiben die Möglichkeit des Vorhaltens von Liquidität und deren Begünstigung oder Sicherstellung durch den Einsatz von Outsourcing als Mehrwert für die auslagernden Unternehmen. Weitere Vorteile sind Prozesseinsparungen und verringerte Kapitalbindungskosten. Aufgrund risikobehafteter Seiteneffekte ist eine fundierte Vorbereitung in Unternehmen durch das Vorhandensein einer bewerteten Strategie sowie dem Bewusstsein über die aktuelle Situation und deren Tragweite essenziell für den Unternehmenserfolg durch Zuhilfenahme von Outsourcing.

Inhaltsverzeichnis

Abbildungsverzeichnis I

Abkürzungsverzeichnis II

1	**Einleitung**	**1**
1.1	Ausgangssituation und Problemstellung	1
1.2	Ziele der Arbeit	2
1.3	Methodische Vorgehensweise	3
1.4	Aufbau der Arbeit	3
2	**Grundlagen des Outsourcings**	**5**
2.1	Eingrenzung von Outsourcing für diese Arbeit	5
2.2	Entstehung	6
2.3	Ausprägungen von Outsourcing	7
2.4	Effekte von Outsourcing	11
2.4.1	Positive Effekte von Outsourcing	12
2.4.2	Negative Effekte von Outsourcing	14
2.4.3	Reflexion der Effekte von Outsourcing	16
3	**Outsourcing für Unternehmen im Fokus der letzten drei Jahre**	**17**
3.1	Die wirtschaftliche Prägung der letzten drei Jahre	17
3.1.1	Entstehung der Krise	17
3.1.2	Ursachen der Krise	19
3.1.3	Reflexion der wirtschaftlichen Prägung	19
3.2	Outsourcing-Motive für Unternehmen	20
3.2.1	Strategische Motive für Outsourcing	20
3.2.2	Wirtschaftliche Motive für Outsourcing	24
3.2.3	Reflexion der Outsourcing-Motive	27
3.3	Voraussetzungen für Outsourcing in Unternehmen	27
3.3.1	Strategie als Enabler	27
3.3.2	Betroffener Bereich als Enabler	29

3.3.3	Reflexion der Outsourcing-Voraussetzungen	33
3.4	Chancen und Risiken	34
3.5	Kritische Erfolgsfaktoren	37
3.5.1	Veränderung im Unternehmen	37
3.5.2	Transparenz im Unternehmen	38
3.5.3	Flexibilität im Unternehmen	39
3.5.4	Bewusstsein über die aktuelle Situation	39
3.5.5	Reflexion der kritischen Erfolgsfaktoren	40
4	**Abschließende Betrachtung**	**41**
4.1	Zusammenfassung der Erkenntnisse	41
4.2	Fazit des Autors	44
4.3	Empfehlung zur weiteren Forschung	45
Literaturverzeichnis		**46**
Anhang		**52**

Abbildungsverzeichnis

Abbildung 1: Strukturierte Darstellung der Outsourcingbegriffe 10
Abbildung 2: Optionen der Funktionserbringung 11
Abbildung 3: Chancen- / Risiko-Portfolio 31
Abbildung 4: Outsourcing-Standardstrategien 32
Abbildung 5: Make or buy Matrix 33

Abkürzungsverzeichnis

IT	Information Technology
	Informationstechnologie
ITIL	IT Infrastructure Library
USP	unique selling proposition

1 Einleitung

Diese Arbeit behandelt die Erbringung von Leistungen bzw. Geschäftsprozessen in Unternehmen durch andere Anbieter. Der Fokus liegt auf der Erarbeitung der Nutzen für die Organisationen, welche Leistungen auszulagern bereit sind. Diese Nutzen werden unter Berücksichtigung der kritischen Erfolgsfaktoren beim Einsatz von Outsourcing und bei der Transformation einer Leistung bzw. eines Prozesses an das leistungserbringende Unternehmen erarbeitet.

In diesem Kapitel erfolgen eine Analyse der Ausgangssituation und eine Schilderung der Problemstellung. Anschließend werden die Ziele der Arbeit definiert und die zugrundeliegende Forschungsfrage formuliert. Der Aufbau der Arbeit wird nach der Beschreibung der methodischen Vorgehensweise im Abschluss des Kapitels festgehalten.

1.1 Ausgangssituation und Problemstellung

Die Globalisierung in der Wirtschaft sowie der erhöhte Wettbewerb erfordern Anpassungen der Unternehmensorganisation (Hollekamp, 2005, S. 2 f.) an die Gegebenheiten. Dies wird von Stöger (2007, S. 225) als Anpassung am Gleichgewicht beschrieben, während Müller-Stewens und Lechner (2011, S. 12) die Bewusstheit zur Anpassung der automatischen Reaktion auf die Rahmenbedingungen gegenüberstellen und auf die Einflussfaktoren (Müller-Stewens & Lechner, 2011, S. 16) Bezug nehmen. Dies soll zum einen den Fortbestand eines Unternehmens sichern als auch eine potenzielle Vormachtstellung gegenüber der Konkurrenz möglich machen. Hollekamp (2005, S. 2 f.) sah in den neunziger Jahren des letzten Jahrhunderts ein Herauskristallisieren des Trends zur Spezialisierung von Unternehmen. Durch die erlangte Professionalität waren diese Unternehmen potenzielle Kandidaten in gewissen Geschäftsbereichen, Tätigkeiten für andere Unternehmen effizienter und effektiver zu leisten.

Bei der Auslagerung einer Tätigkeit an andere Unternehmen gibt es jedoch einige strategische Vorbereitungen zu treffen. So ist z. B. die Anzahl der Partnerschaften laut Hodel, Berger und Risi (2006, S. 23) ein Faktor, der die Möglichkeiten der Leistungskonsumation entscheidend beeinflusst, da die Fremdfirmen ebenso im Wettbewerb stehen wie das eigene Unternehmen.

Fischer, Fleischmann und Obermeier (2006, S. 11 f.) sehen die effektive und effiziente Gestaltung von Geschäftsprozessen als eine Grundanforderung für ein Unternehmen, um dessen Vorgaben bestmöglich zu erreichen. Außerdem bedeutet die Beherrschung von Prozessen die Möglichkeit diese flexibel zu halten und damit schneller auf Kundenbedürfnisse bzw. auf den Markt reagieren zu können. Dies begründen sie darauf, dass seit den neunziger Jahren eine Wende zur prozessorientierten Unternehmensorganisation stattgefunden hat und die Prozesse in nahezu jeder Tätigkeit einer Wertschöpfung eine entscheidende Rolle spielen. Deshalb empfehlen Wagner und Käfer (2010, S. 95 ff.) eine stetige Messung der Prozesse sowie deren Steuerung.

Diese Veränderungen im Unternehmen stellen laut Armutat (2009, S. 45) eine Vielzahl an Anforderungen an die Organisation und ihre Mitglieder. Sie beeinflussen gesteuert oder ungesteuert z. B. die Unternehmenskultur wodurch sich in Folge jede Mitarbeiterin und jeder Mitarbeiter einzeln an die neuen Entwicklungen anpassen muss.

1.2   Ziele der Arbeit

Basierend auf den Fakten der Problemstellung und der Ausgangssituation ist es Ziel dieser Bachelorarbeit den Nutzen von Outsourcing für Unternehmen unter den aktuellen wirtschaftlichen Rahmenbedingungen zu bestimmen. Es soll der Mehrwert für das Unternehmen quantifizierbar veranschaulicht und beurteilt werden können.

Im Rahmen dieser Arbeit wird daher folgende Forschungsfrage beantwortet:

Welchen Mehrwert liefert Outsourcing für Unternehmen unter den wirtschaftlichen Rahmenbedingungen der letzten drei Jahre und wie ist dieser quantifizierbar?

1.3 Methodische Vorgehensweise

Bei dieser Bachelorarbeit handelt es sich ausschließlich um eine Literaturarbeit, die durch das Diskutieren der relevanten Quellen entsteht. Es gelangen keine empirischen Methoden zur Anwendung, um die Forschungsfrage zu beantworten. Das bedeutet:

Für diese Arbeit sichtet der Autor Literatur aus den relevanten Fachbereichen in Form von Fach- und Lehrbüchern sowie Berichten aus Fachzeitschriften und Internetquellen. Die recherchierten Schriftstücke werden kritisch reflektiert und anschließend logisch-deduktiv (Berger, 2010, S. 90; Rössl, 2008, S. 51 f.) ausgewertet, um als Ergebnis neu gewonnenes Wissen darzustellen. Das Vorgehen bei der Methodik beschreibt Rössl sowohl für die Diskussion literarischer Werke (2008, S. 177 ff.), als auch für empirische Teile (2008, S. 74 f.) und veranschaulicht dies anhand des Forschungsprozesses.

Zur Gewährleistung der Prüfbarkeit dieser Arbeit werden Verweise auf die jeweiligen Quellen durch Anwenden der Zitierregeln aus dem aktuellen Leitfaden für wissenschaftliches Arbeiten der Fachhochschule Krems (Berger & Hienerth, 2010) gesetzt.

1.4 Aufbau der Arbeit

Die vorliegende Bachelorarbeit beinhaltet vier Kapitel. Der Autor baut in jedem Kapitel auf gewonnene Erkenntnisse der vorherigen Kapitel auf. Diese Technik findet auch innerhalb der Kapitel Anwendung, indem auf vorhergehende Abschnitte referenziert wird.

Basierend auf der in Abschnitt 1.1 dargelegten Ausgangssituation und Problemstellung behandelt das zweite Kapitel der Arbeit die Grundlagen des Outsourcings. Einleitend wird der Begriff Outsourcing erklärt und für diese Arbeit auf das notwendige Maß eingegrenzt. Danach wird der historische Hergang von Outsourcing dargelegt. Anschließend werden die unterschiedlichen Ausprägungen von Outsourcing sowie die möglichen Effekte positiver und negativer Natur betrachtet.

Das dritte Kapitel befasst sich mit der Anwendung von Outsourcing für Unternehmen im Fokus der wirtschaftlichen Rahmenbedingungen der letzten drei Jahre. Zur Schaffung der Basis für die weitere Betrachtung und kritische Diskussion wird zu anfangs die wirtschaftliche Prägung der letzten drei Jahre dargelegt. Danach werden unterschiedliche Motive für Outsourcing sowie verschiedene Voraussetzungen für Unternehmen erarbeitet. Anschließend werden darauf aufbauend einige Chancen und Risiken als auch zahlreiche Erfolgsfaktoren kritisch diskutiert.

Im vierten Kapitel wird die Arbeit abschließend betrachtet. Dafür werden eingangs die zusammengetragenen Erkenntnisse in gebotener Kürze beschrieben. Im Anschluss formuliert der Autor sein Fazit basierend auf den erlangten Erkenntnissen, um die in Abschnitt 1.2 formulierte Forschungsfrage zu beantworten. Zuletzt spricht der Autor seine Empfehlung zur weiteren Forschung aus.

2 Grundlagen des Outsourcings

Dieses Kapitel widmet sich den Grundlagen des Outsourcings und bildet den allgemeinen Teil der Theorie für diese Arbeit ab. Daher grenzt der Autor im ersten Schritt den Begriff für die vorliegende Arbeit ein, um darauf aufbauend dessen Entstehung zu dokumentieren. Danach werden die möglichen Ausprägungen des Outsourcings erklärt und das Kapitel mit der Erläuterung der Vorteile und Nachteile geschlossen.

2.1 Eingrenzung von Outsourcing für diese Arbeit

Nach vorherrschender Meinung in der Literatur (Söbbing, 2006, S. 3; Pohl, 2009, S. 1; Gadatsch, 2006, S. 20; Nolting, 2006, S. 28; Wullenkord, Kiefer, & Sure, 2005, S. 7) setzt sich der Begriff Outsourcing aus den Worten outside, resource und using zusammen, ist jedoch mittlerweile fester Bestandteil des deutschen Sprachgebrauchs.

Pohl (2009, S. 1) erklärt die Bedeutung des Begriffs mit der Betrauung Dritter zur Erstellung einer Leistung und distanziert davon die eigene Leistungserbringung zur Schaffung des Produkts. Söbbing (2006, S. 3 f.) sieht Outsourcing als die permanente Auslagerung eines Tätigkeitsbereichs an einen Outsourcing-Anbieter. Eine projektbezogene Auftragsvergabe zur einmaligen Erreichung eines Ziels schließt er dabei explizit aus seiner Definition aus.

Sowohl Hollekamp (2005, S. 40) als auch Olfert (2009, S. 230) beschreiben Outsourcing als eine Maßnahme für Unternehmen um strategischen Ziele zu erreichen, während Nolting (2006, S. 37) Outsourcing als Antrieb für Fitness und Flexibilität der Unternehmen sieht.

Aus den bisherigen Ausführungen gefolgert und durch Pohl (2009, S. 4 f.) bestätigt, ist Outsourcing auch innerhalb eines Unternehmens möglich. Dies passiert durch die Auslagerung einer Leistung an eine andere Abteilung oder die konzentrierte Leistungserstellung im Unternehmen. Die akkurate Bezeichnung für den beschriebenen Vorgang ist Internes Sourcing (Söbbing, 2006, S. 13 f.). Der Autor hält fest, dass dies lediglich eine Änderung der innerbetrieblichen Organisation darstellt – nicht im Fokus dieser Arbeit steht – und daher nur im Sinne der Vollständigkeit im Abschnitt Ausprägungen von Outsourcing erklärt wird.

Basierend auf der vollzogenen Betrachtung der aktuellen Auffassungen über den Begriff Outsourcing entschließt sich der Autor den Begriff für den weiteren Verlauf dieser Arbeit auf die Leistungserbringung durch fremde Dienstleister einzugrenzen. Zur besseren Vergleichbarkeit der vorhandenen Quellen und der daraus resultierenden besseren Qualität werden im Sinne des Outsourcings Bestandteile der IT untersucht.

2.2 Entstehung

Pohl (2009, S. 2) führt die ersten Ansätze des Outsourcings auf die 1950er Jahre zurück, wo Großunternehmen einzelne Bereiche ausgliederten und an Dritte übergaben. Nolting (2006, S. 28) zeigt eine rege Diskussion zum Thema Make or buy in den 60er Jahren des letzten Jahrhunderts auf. Dennoch war die vorherrschende Strategie bis zu den späten 1980er Jahren (Pohl, 2009, S. 2; Söbbing, 2006, S. 1) ein Unternehmen breit auszurichten und eventuelle Ausfälle durch andere Geschäftsbereiche zu kompensieren.

Die Fokussierung auf die Kernkompetenzen zeichnete sich dann Mitte der 90er Jahre des vorigen Jahrhunderts (Pohl, 2009, S. 2; Nolting, 2006, S. 28; Söbbing, 2006, S. 1) als Trend ab und der Begriff Outsourcing wurde in den deutschen Sprachgebrauch eingeführt. Nolting streicht in seinen Erläuterungen jedoch die fälschliche Verwendung des Begriffs heraus, da dieser meist synonymhaft für das Auslagern der IT in Zusammenhang gebraucht wird, jedoch ein generell anzuwendender Terminus ist.

2.3 Ausprägungen von Outsourcing

Die Studie der wissenschaftlichen Auseinandersetzung (Hodel et al., 2006, S. 24 ff.; Gadatsch, 2006, S. 21 ff.; Pohl, 2009, S. 5 ff.; Hutzschenreuter, Dresel, & Ressler, 2007, S. 2 ff.) mit den Ausprägungen von Outsourcing ergab, dass für die unterschiedlichen Varianten von Outsourcing es verschiedene, nicht immer unmittelbar von einander abhängige Dimensionen gibt.

Bei Betrachtung der Tiefe und des Umfangs von Outsourcing werden von Pohl (2009, S. 5) die Ausprägungen in komplettes und des selektives Outsourcing kategorisiert. Zum kompletten Outsourcing zählt Pohl primär die Erscheinungen des Auslagerns von Infrastruktur und Anwendungen. Das Auslagern eines Geschäftsprozesses schreibt er hingegen dem selektiven Outsourcing zu. Gadatsch (2006, S. 22) spricht hier auch von partiellem Outsourcing, smartem Outsourcing oder Outtasking. Er beschreibt, dass diese Begrifflichkeiten im Laufe der Zeit entstanden sind und es keine allgemein gültige Definition dafür gibt, da hierbei nur einzelne Bereiche innerhalb der IT oder eines Prozesses ausgelagert werden.

Der Autor behandelt darauf begründet zuerst die unterschiedlichen Techniken und Möglichkeiten. Danach wird die geografische Relevanz des Punktes der Leistungserbringung diskutiert.

- **Infrastruktur Outsourcing**

  Das Auslagern der Infrastruktur findet laut Hodel et al. (2006, S. 24) die häufigste Anwendung. Hierbei werden durch den Anbieter z. B. Bestandteile einer IT-Infrastruktur im Rahmen seiner Dienstleistung bereitgestellt. Konkretisiert auf einzelne Teile bedeutet dies bei angeführtem Beispiel das zur Verfügung stellen von unter anderem Netzwerk, Servern und Backup-Systemen sowie dem Gebäude in dem z. B. die Server untergebracht sind. Gadatsch (2006, S. 21) betrachtet diese Variante des Outsourcing unter dem Begriff Plattform-Outsourcing. Er ergänzt in seiner Ausführung noch die zusätzliche Möglichkeit der Auslagerung der Beschaffung und des Service im Zuge dieser Variante.

- **Application Outsourcing**

  Beim Application Outsourcing stellt der Anbieter dem Kunden ausgewählte Programme bereit, welche über das Internet genutzt werden können. Als Beispiel führen Hodel et al. (2006, S. 24 f.) die Nutzung von Microsoft Office Applikationen über das Internet an. Wiederum benennt Gadatsch (2006, S. 21) diesen Vorgang anders und teilt den Namen Application Service Providing zu. Dabei streicht er heraus, dass das auslagernde Unternehmen lediglich die Endgeräte für die Mitarbeiterinnen und Mitarbeiter benötigt.

- **Business Process Outsourcing**

  Beim Auslagern eines gesamten Geschäftsprozesses entstehen laut Hodel et al. (2006, S. 25 ff.) die meisten Perspektiven und Konfliktpotenziale. Sie begründen dies im maßgeblichen Gewicht in der Unternehmensstrategie. Da im Auslagern eines Geschäftsprozesses die IT meist den Hauptbestandteil repräsentiert und sich für den Gesamtprozess noch kein einheitliches Begriffssystem etabliert hat (Gadatsch, 2006, S. 25), gibt es hier Unterschiede in den inhaltlichen Abläufen und Definitionen.

- **Insourcing und Internes Sourcing**

  Grundsätzlich bedeutet der Begriff Insourcing, dass die erbrachte Leistung im eigenen Unternehmen stattfindet und wird oft als Folge einer Rückwandlung (Gadatsch, 2006, S. 16) von Outsourcing verwendet, obwohl der Vorgang dazu laut vorherrschender Meinung (Marx Gómez, Junker, & Odebrecht, 2009, S. 124; Gadatsch, 2006, S. 16) unter dem Begriff Backsourcing zusammengefasst wird.

  Ein anderer Aspekt – das Interne Sourcing – ist die gebündelte Leistungserbringung in einem Konzern bzw. in einer Abteilung, wenn diese Leistung vorher in mehreren Abteilungen parallel erbracht wurde. In seiner Ausführung streicht Gadatsch (2006, S. 22 f.) besonders das Shared Service Center hervor und bringt als Schlüsselargument, dass das Shared Service Center marktfähige Leistungen und Preise, wie ein externes Unternehmen, erbringen soll.

- **Onshoring und Offshoring**

  Vor dem Hintergrund der geografischen Dimension betrachtet, ist das Offshoring als Variante des Outsourcings zu erwähnen. Offshoring bedeutet, dass die ausgelagerte Leistung in einem anderen Land erbracht wird (Hutzschenreuter et al., 2007, S. 2). Das Offshoring kann ferner in drei Ausprägungen differenziert werden, nach denen hierbei unterschieden werden kann.

  Hutzschenreuter et al. (2007, S. 24) erklären die Leistungserbringung im selben Land, in dem das Unternehmen angesiedelt ist, als Onshoring. Die Auslagerung in ein anderes Land am selben Kontinent wird als Nearshore-Offshoring bzw. Nearshoring bezeichnet. Sobald das leistungserbringende Unternehmen in einem Land auf einem anderen Kontinent situiert ist, spricht man von Farshore-Offshoring bzw. Offshoring.

  Gadatsch (2006, S. 47 ff.) nähert sich der Thematik ähnlich. Er betont beim Nearshoring das Vorhandensein des gleichen Kulturkreises. Außerdem erweitert er die Definitionen von Onshore und Offshore um das Präfix Onsite. In dieser Ausprägung werden Teilarbeiten, wie z. B. Tests und Abnahmen an den Kundenstandort verlegt um die zusätzlichen Barrieren – geschaffen durch die Distanz – in diesen Bereichen zu eliminieren. Die gegensätzliche Ausprägung dazu nennt Gadatsch das Captive Center, bei dem der Auftraggeber am Offshore-Standort ein Entwicklungs- oder Unterstützungszentrum zum selben Zweck errichtet.

- **Reflexion der Ausprägungen von Outsourcing**

  In Anbetracht der zugrundeliegenden Informationen stellt der Autor fest, dass Outsourcing in verschiedenen Varianten – wenngleich diese nicht immer einheitlich definiert sind – stattfindet. Die wesentlichen Unterschiede werden in der Tiefe und des Umfangs der Auslagerung sowie der geographischen Distanz zwischen Auftraggeber und Auftragnehmer gesehen.

  Zur zusammenfassenden Betrachtung erachtet der Autor
  Abbildung 1 als kompakte Darstellung der unterschiedlichen Möglichkeiten der Leistungs- bzw. Funktionserbringung. Diese veranschaulicht zum einen

die Verflochtenheit der einzelnen Dimensionen, als auch die bestehenden Abhängigkeiten selbiger zu einander.

Abbildung 1: Strukturierte Darstellung der Outsourcingbegriffe
Eigene Darstellung von Hollekamp, 2005, S. 26

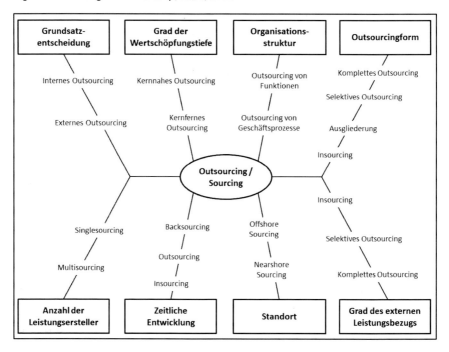

Der Autor betont an dieser Stelle jedoch, dass hinsichtlich der Verflochtenheit der in

Abbildung **1** dargestellten Dimensionen, kein unmittelbarer, kausaler Zusammenhang zwischen selbigen besteht. Es ist deshalb nicht davon auszugehen, dass das Auslösen einer der Varianten automatisch Konsequenzen auf derselben Ebene in einer anderen Dimension bewirken. Um die Einordenbarkeit des Outsourcings weiter zu konkretisieren, erachtet es der Autor deshalb für zweckgemäß das Beispiel Onshore / Offshore, wie in Abbildung 2 grafisch dargestellt, heranzuziehen. Dabei wird ersichtlich, dass Outsourcing nicht unmittelbar mit Offshoring einhergeht und Offshoring auch ohne Outsourcing möglich ist.

Abbildung 2: Optionen der Funktionserbringung
In Anlehnung an Hutzschenreuter et al., 2007, S. 27

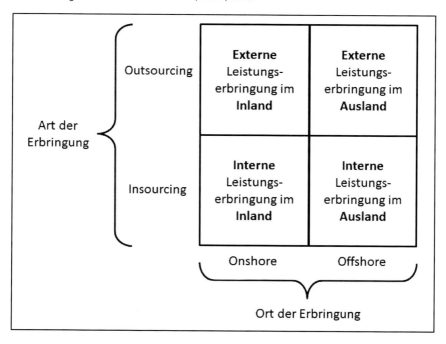

2.4 Effekte von Outsourcing

Die Entscheidung für oder gegen Outsourcing wird optimalerweise im Rahmen der Strategie und der Ziele eines Unternehmens getroffen und resultiert in der Steigerung des Unternehmenswertes (Hollekamp, 2005, S. 41), je nach Ausprägung in ihren Ziel-Bestrebungen (Lechner, Egger, & Schauer, 2008, S. 69 ff.) bei der Definition der Inhalte.

Im Rahmen von Outsourcing können für das Unternehmen Vor- und Nachteile sowie Nutzen und Risiken in Form von Effekten entstehen. Diese werden folgend in positive und negative Effekte unterteilt.

2.4.1 Positive Effekte von Outsourcing

Folgend werden die Vorteile, die durch Outsourcing entstehen können näher betrachtet. Aufgrund der Literaturrecherchen und den daraus erkannten Schwerpunkten und Gruppierungen untergliedert der Autor die positiven Effekte von Outsourcing in die Bereiche Kosten, Risiken und Wettbewerb, wobei die Reihenfolge keine Wertung darstellt.

- **Kosteneffekte als Vorteil**

  Hollekamp (2005, S. 42 f.) sieht Kosteneffekte in den Gebieten Mengen-, Prozess-, Personal- und Fixkosten. Darüber hinaus hebt er die Skaleneffekte durch Spezialisierung hervor. Bei den Mengenkosten sieht er die Verringerung durch Angebotserweiterung nach dem Outsourcing, da der Betrieb inhaltlich vergrößert wird um räumlich dieselbe Größe wie vorher auszunützen. Bei den Prozessen spricht Hollekamp von Einsparungen in der kontinuierlichen Verbesserung, da der Prozess nicht mehr in eigener Verantwortung ist, sondern durch den Outsourcing-Dienstleister im Rahmen seiner Erfüllung gestellt wird. Das Realisieren einer Personalkostensenkung erachtet er z. B. in Form einer Verlagerung in Länder mit niedrigerem Lohnniveau für möglich. In Hinblick auf das Senken der Fixkosten stützt sich Hollekamp auf den Anteil der ausgelagerten Infrastruktur und Gerätschaft, merkt aber an, dass dafür ein Anstieg in den variablen Kosten sichtbar wird. Auch Nolting (2006, S. 42 f.) zeigt Skaleneffekte, die Umwandlung von Fixkosten in variable Kosten und eine Reduktion der Kapitalbindungskosten auf. Besonders streicht er allerdings die bessere Planbarkeit und Transparenz des Kostenanfalls hervor, die auch von Wullenkord et al. (2005, S. 12 ff.) bestätigt wird.

- **Minderung von Risiken**

  Durch Outsourcing kann der Auftragnehmer Technologierisiken und Gefahrenpotenziale (Nolting, 2006, S. 42 f.) auf den externen Dienstleister übertragen. Wullenkord et al. (2005, S. 12 ff.) sehen zusätzlich bzw. vertiefend zu den Technologierisiken die IT-Sicherheit und sie nennen Kapazitätsschwankungen als eines der best zu mindernden Risiken beim Outsourcing. Hollekamp (2005, S. 43) nennt darüber hinaus eine Verringerung der Risiken durch Auslagerung auf den Outsourcing-Anbieter. Es werden dabei die Kosten für das gebundene Kapital, Reinvestitionen und Kosten für schwankende Kapazitätsanforderungen betrachtet. Die Erkenntnisse von Hollekamp gehen auch mit Noltings anderen Betrachtungen einher sowie denen von Wullenkord et al. (2005, S. 12 ff.).

- **Stärkung im Wettbewerb**
Durch das Erwerben von höherwertigem Know-how, welches beim Outsourcing-Anbieter aufgrund seiner Spezialisierung existiert, kann die Wertschöpfung im Unternehmen durch Flexibilität zur Anpassung (Hollekamp, 2005, S. 44 ff.) eine positive Auswirkung auf die Qualität und Innovationskraft haben. Ein weiterer positiver Effekt entsteht durch das Abtrennen der Nebentätigkeiten vom Kerngeschäft und der daraus resultierenden Konzentration auf die Kernkompetenzen, welche durch das Umlenken von freiwerdenden Ressourcen (Nolting, 2006, S. 43) gestärkt wird.
Auf der finanziellen Seite sieht Nolting (2006, S. 44) steuerliche Vorteile und positive Effekte im Bereich der Liquidität durch Veräußerung des überflüssigen Anlagevermögens. Diese Veräußerungen tragen laut Nolting nebenbei zu verbesserten Bilanzkennzahlen beim Jahresabschluss bei, wodurch nach Meinung des Autors Kundenkreise oder Investoren, die vornehmlich kennzahlenorientiert handeln, angelockt werden können. Wullenkord et al. (2005, S. 12 ff.) denken hier in dieselbe Richtung, ergänzen aber zwei Dinge, die im Wettbewerb eine solide Basis bieten und auch zu Vorteilen führen können. Sie zeigen die Verbesserung der Reaktionsgeschwindigkeit bzw. Durchlaufzeiten auf und die Sicherstellung einer dauerhaften technologischen „State of the Art"-Position.

2.4.2 Negative Effekte von Outsourcing

Im Vergleich zu den positiven Effekten durch Outsourcing werden im folgenden Abschnitt nun die negativen Aspekte betrachtet. Im Zuge dessen werden jene Bereiche, in welchen positive Effekte identifiziert werden konnten, kritisch in Hinblick auf eventuell existierende negative Ausprägungen untersucht.

- **Kosteneffekte als Nachteil**

  Die bereits dokumentierten Vorteile bei den Kosteneffekten können vom Unternehmen nicht immer in vollem Maße ausgenützt werden, wenn man den Argumentationen von Hollekamp (2005, S. 43) und Wullenkord et al. (2005, S. 32 ff.) folgt. Sie beschreiben, dass aufgrund mangelhafter Dokumentationen und Prognosen einerseits das Einsparungspotenzial bei den Prozesskosten überschätzt wird. Andererseits werden in der Planung die Kosten für das Outsourcing, die sogenannten Transaktionskosten, unterschätzt wie auch die laufenden Kosten im neuen Betriebsmodus. Oftmals lassen sich die erhofften Veräußerungen von Anlagevermögen nicht realisieren (Schewe & Kett, 2007, S. 23) und die geplanten Einnahmen bleiben teilweise oder zur Gänze aus, während die Kosten zur Umsetzung des Outsourcings bleiben.

- **Erhöhung von Risiken**

  Risiken werden, wie in den positiven Effekten, durch Outsourcing nicht nur gemindert oder eliminiert. Es entstehen auch neue Risiken bzw. werden Risikopotenziale erhöht. Hollekamp (2005, S. 44) beschreibt als eines der Hauptrisiken die Komplexität der Vertragsformulierung zur Sicherstellung eines hohen Servicierungsgrades über eine längere Laufzeit. Als weiteren Punkt sieht er das Thema der Personalauslastung und den damit verbundenen Problemen, sofern diese nicht durch die gesicherte Wettbewerbsfähigkeit des Unternehmens eintritt. Kulturelle und sprachliche Barrieren, die im Zuge von kostenorientiertem Outsourcing entstehen können, werden ebenfalls als kritisch eingestuft. Auch Wullenkord et al. (2005, S. 32 ff.) sehen in den Vertragsverhandlungen ein großes Risikopotenzial, da vom ex-

ternen Dienstleister möglicherweise die falschen Kriterien eingefordert werden. Außerdem sehen sie die Planung generell risikobehaftet und unterstreichen in ihrer Aussage, dass Outsourcing eine langfristige Entscheidung sein soll und damit zum einen keine kurzfristigen Ziele erreicht werden können und zum anderen es auch einer dementsprechenden Planung bedarf. Das Resultat einer schlechten Planung in Form des Scheiterns sieht Nolting (2006, S. 45) als das Risiko, das viele Verästelungen zu anderen Risiken aufweist und misst diesem deshalb hohe Berücksichtigung bei.

- **Schwächung im Wettbewerb**
Abhängig von der Komplexität der ausgelagerten Leistung sieht Hollekamp (2005, S. 45 f.) eine potenzielle Gefährdung in den Bereichen Qualität und Innovation. Er sieht im Outsourcing allerdings auch die Gefahr des unmittelbar aus dem Unternehmen abfließenden Know-hows, welches durch den externen Dienstleister gebracht wird. Im Falle eines Scheiterns von Outsourcing oder einer strategischen Neuausrichtung des Unternehmens, welche Outsourcing nicht mehr inkludiert, müsste dieses Wissen wieder erworben werden. Schewe und Kett (2007, S. 24) bringen beim Aspekt Know-how-Abfluss die Perspektive der Belegschaft, welche in Form von Skepsis die Mitarbeiterinnen und Mitarbeiter im schlimmsten Fall zur eigenständigen Kündigung veranlasst. In diesem Fall kann das vorhandene Wissen nicht übergeben werden und das Unternehmen ist auf existente Dokumentation angewiesen oder kann diese Wissensabwanderung gar nicht kompensieren. In diesem Bereich ist vor allem das Management sehr gefragt um diesen Trend zu erkennen und entsprechend gegenzusteuern. Strasser (2004, S. 191) fasst dies in seinen Ausführungen zur Kompetenz der Geschäftsführung dahingehend zusammen, als dass es die Kunst der Unternehmensführung sei, die Realität der Situation zu erkennen und Handlungen zur Korrektur zu setzen.

Beim Qualitätsverlust durch die erbrachten Leistungen des Outsourcing-Anbieters bringen Schewe und Kett (2007, S. 23) den Aspekt der Opportunitätsüberlegungen des externen Dienstleisters in die Betrachtung und schaffen dabei indirekt den Konnex zu den anfänglichen Vertragsverhandlungen, die Teil der Planungsphase sind. In diesem Zusammenhang beschreiben Kesten, Müller und Schröder (2007, S. 21 ff.) fehlendes Knowhow und das Nichtvorhandensein von Erfahrungswerten in diesem Bereich aufgrund einer Erstsituation.

2.4.3 Reflexion der Effekte von Outsourcing

Begründet in der vorangegangenen Bearbeitung des Themas sieht der Autor in den Effekten von Outsourcing eine große Schere in mehreren Bereichen. So können im Bereich der Kosten Vorteile in Form von Reduktionen z. B. durch Erhöhung von Mengen oder Reduktion der fixen Kosten erzielt werden. Auf der anderen Seite entstehen neue Kosten für die Verlagerung und im Betrieb durch die neue Einheit. Das Management der potenziellen Risiken im Unternehmen ist in Zusammenhang mit Outsourcing besonders gefragt um, bei der Erkennung selbiger, Fehler zu vermeiden.

Letzten Endes geht es darum sich im Wettbewerb zu beweisen und den anderen Unternehmen einen Schritt voraus zu sein oder einen Rückstand aufzuholen. Bei Betrachtung der möglichen positiven und negativen Ausprägungen in diesen Bereichen lassen sich Verbindungen untereinander erkennen, die der Autor auf den Anfang eines solchen Vorhabens zurückführt – die Planung.

Daher werden die Aspekte der Planung und Umsetzung einer Strategie in Bezug auf die Wirtschaftlichkeit eines Unternehmens im nächsten Kapitel besonderes Augenmerk finden.

3 Outsourcing für Unternehmen im Fokus der letzten drei Jahre

Im folgenden Kapitel skizziert der Autor die wirtschaftliche Prägung der letzten drei Jahre, welche auch als Finanz- bzw. Wirtschaftskrise bekannt ist. Auf dieser Situation basierend werden Motive, Voraussetzungen, Chancen und Risiken, sowie kritische Erfolgsfaktoren für Unternehmen in Bezug auf Outsourcing untersucht. Für diese Untersuchung ist es dem Autor daher wichtig, dass sich die relevante herangezogene Literatur in diesem Zeitrahmen befindet, um reelle Annahmen und Folgerungen ableiten zu können. Sofern zum Zeitpunkt der Arbeitserstellung keine Literatur in aktueller Ausgabe vorhanden ist oder für die Teilthematik kein Bezug zur aktuellen wirtschaftlichen Situation besteht, wird qualitative Literatur nach aktuellem Stand verwendet.

Der Autor verwendet zur durchgängigen Behandlung in diesem Kapitel ebenfalls, wie bereits in Kapitel 2, die IT als betrachteten Bereich für das Outsourcing um mehrere Quellen vergleichbar diskutieren zu können.

3.1 Die wirtschaftliche Prägung der letzten drei Jahre

Die internationale Wirtschaft befindet sich in einer Krise, die seit der Weltwirtschaftskrise in den 1930er Jahren die schwerste zu sein scheint, obwohl laut Aiginger (2009, S. 2) die Wirtschaftspolitik entscheidend zur Milderung beigetragen hat. Der Autor gliedert in diesem Abschnitt zur besseren Trennung der Hintergründe die Krise in Entstehung und Ursachen.

3.1.1 Entstehung der Krise

Brunetti (2011, S. 14 ff.) beginnt die Beschreibung der Chronologie der Finanzkrise mit dem drastischen Sinken der Immobilienpreise in den USA. Als anschließendes und direkt verbundenes Ereignis nennt er die Bankenkrise, welche im Herbst 2008 im Konkurs der US-amerikanischen Investmentbank Lehman Brothers ihren Höhepunkt erreichte und eine globale Auswirkung in Form der

Wirtschaftskrise erzielte. Als letzten Schritt der prägnant geschilderten Chronologie erwähnt Brunetti die Ausdehnung auf den Euroraum im Jahr 2010 in Form der Schuldenkrise, welche die zu hohe Verschuldung einiger Staatshaushalte begründete. Als Ursache werden Aktionen aus der Geld- und Fiskalpolitik der Staaten gesehen, welche zum Ziel hatten, die Wirtschaft in Gang zu halten bzw. erneut zu beleben.

Als einen entscheidenden Auslösungsfaktor der Finanzkrise zeigen Altmann, Kalchbrenner und Weinhold (2009, S. 268 f.) die Fehlbewertungen durch die amerikanischen Ratingagenturen auf. Diese Bewertungen schätzten die Risiken zu gering ein und ermöglichten eine Kreditvergabe an zahlungsunfähige Hauskäuferinnen und Hauskäufer. Als weitere Faktoren zeigen Altmann et al. (2009, S. 268 f.) eine fehlende Früherkennung seitens der US-Notenbank sowie die fehlende staatliche Kontrolle in den Finanzsektoren auf.

Die Folge der geschilderten Ereignisse war eine Liquiditätsknappheit bei den Banken. Berka, Humer, Kessler und Moser (2009, S. 189 ff.) begründen dies zum einen auf einem vertrauensgeschwächtem Interbankenmarkt und zum anderen auf dem Nachfrageeinbruch betreffend Anleihepapiere. Aufgrund Finanzierungsvorgaben waren die Banken gezwungen ihre Kreditvergabe einzuschränken.

Der Autor sieht hier ein Szenario, welches für Unternehmen in der Finanzierung von langfristigen Vorhaben und in der Erhaltung der eigenen Liquidität schlagend wird. Hier kann z. B. anstatt eine Investition selbst zu tätigen, die Überlegung getroffen werden, die gewünschten Güter zu mieten. Diese Option lässt sich natürlich auch auf die Kosten zur Erhaltung einer internen Leistungserstellung umlegen.

Dies wird auch durch die Untersuchung von Weber und Zubler (2010, S. 52) untermauert. Es wurde festgestellt, dass Großunternehmen ihre Ressourcenaufwände und auch Techniken – z. B. Rechenverfahren – im Investitionscontrolling erhöht haben um Fehlentscheidungen vorzubeugen und mittels Planung entgegenzusteuern.

3.1.2 Ursachen der Krise

Als Hauptursachen sieht Aiginger (2009, S. 20) weltwirtschaftliche Ungleichgewichte, Regulierungsmängel und makroökonomische Anreizstrukturen. Diese Meinung teilt auch (Schulmeister, 2009) und konkretisiert die Verfehlungen in Form von Boom der Aktienkurse und Rohstoffpreise, Zunahme kurzfristiger Spekulationen und der kontraproduktiven Zinspolitik der Europäischen Zentralbank.

Aiginger (2009, S. 7) systematisierte die kategorischen Ursachen der Krise. Da der Autor die komplette Darstellung der Ursacheneinordnung nicht als primär relevant zum Verständnis der Arbeit sieht, sie jedoch als Hintergrundwissen nicht aus dem Kontext nehmen möchte, wird Aigingers Systematisierung der Ursachen der Krise in **Anhang 1** dargestellt. Die Fehleinschätzung von Ökonomen, dass die Finanzmärkte effizient arbeiten und die wirtschaftliche Realität korrekt abbilden, kritisieren Walter und Quitzau (2011, S. 88 ff.) und bestätigen damit direkt und indirekt die Analysen von Aiginger und Schulmeister.

3.1.3 Reflexion der wirtschaftlichen Prägung

Die wirtschaftlichen Rahmenbedingungen haben sich in den letzten Jahren verändert. Der wirtschaftlichen Krise zur Folge müssen Unternehmen sensibler mit ihren Geschäften umgehen, um am Markt bestehen zu können. Dies muss sich in der Zielsetzung, Strategie, Planung und Erfolgsmessung widerspiegeln. Nicht zuletzt durch die Finanzkrise ist die Liquidität für Unternehmen wichtiger denn je. Kurze Engpässe können nicht so leicht wie früher durch Bankenunterstützung überbrückt werden. Dies stellt vor allem vor dem Hintergrund der gesamten bzw. teilweisen Fremdfinanzierung von Investitionen im Unternehmen eine verschärfte Herausforderung dar und ist unter anderem auf die dargestellte Sensibilisierung der Banken in Hinblick auf Ratings und den damit verbundenen Fremdkapitalkosten zu betrachten.

3.2 Outsourcing-Motive für Unternehmen

Für Unternehmen ist Planung, Zieldefinition und die daraus resultierende Strategie laut Lechner et al. (2008, S. 88 ff.) ein entscheidender und prioritätsverlangender Abschnitt und liegt klar in der Pflicht der Unternehmensführung. Daher gliedert der Autor die Motive für Unternehmen, sich des Outsourcings zu bedienen, in strategische und wirtschaftliche Beweggründe.

3.2.1 Strategische Motive für Outsourcing

Bevor die Hintergründe näher betrachtet werden, gilt es zu hinterfragen, was genau unter Strategie verstanden wird und welche Ausprägungen hierfür schlagend werden. Kütz (2005, S. 51) stellt klar, dass es, um eine Strategie zu formulieren, immer eines Ziels bedarf und für Ziele immer eine Realisierbarkeit verifiziert werden muss. Ziele im unternehmerischen Sinn müssen unter anderem immer einen betriebswirtschaftlichen Hauptaspekt inkludieren um das Fortbestehen des Unternehmens zu sichern, wie Lechner et al. (2008, S. 66 ff.) diese in ihren Dimensionen beschreiben. Weiters beschreiben sie, dass Ziele quantifizierbar sein müssen, um später den Erfolgsgrad messen zu können.

Um den Grundstein der Strategie setzen zu können, bedarf es der Zieldefinition. Müller-Stewens und Lechner (2011, S. 14 f.) stellen hierzu Überlegungen in Fragen an und thematisieren in erster Linie wie sich Unternehmen verhalten, wodurch sie sich unterscheiden und welche Faktoren über Erfolg oder Scheitern im Wettbewerb bestimmt. Ebenso sieht Strasser (2004, S. 41) die Strategie eines Unternehmens als wesentlichen Faktor, der zur Sicherung des Erfolges beiträgt.

IT-Anwendungen sind fester Bestandteil der Wettbewerbsfähigkeit und des wirtschaftlichen Erfolgs (Kesten et al., 2007, S. 1 ff.) von Unternehmen. Der Rahmen der IT muss deshalb auf die Bedürfnisse des Unternehmens und auf die Marktanforderungen zugeschnitten sein. Zur besseren Zielsetzung kann sich das Unternehmen folgenden Themenfragen stellen: (Kesten et al., 2007, S. 1 ff.)

- Kann ich meine Wettbewerbsposition verbessern?
- Entstehen Risiken und wie können diese evaluiert und minimiert werden?
- Wie optimiert der Einsatz von IT meine bestehenden Geschäftsprozesse?
- Wie kann ich evaluieren ob ich ein System selbst erstelle und betreibe oder es zukaufe und von einem externen Dienstleiser betreibe?
- Kann hierbei die Qualität der Zusammenarbeit gesichert werden?
- Wie messe ich den Erfolg meines IT-Einsatzes?

Der Autor sieht es – gerade in Bezug auf die in Abschnitt 3.1 dargelegte wirtschaftlich schwierige Situation – als Pflicht eines Unternehmens die Wirkungsbereiche, Risiken und Chancen der IT in der Erstellung der Unternehmensstrategie zu verankern und untergliedert folgend in unterschiedliche Varianten von strategischen Vorhaben.

3.2.1.1 Make or buy Strategie

Der Begriff Make or buy ist per Definition nicht mit dem Begriff Outsourcing verbunden, da sich die beiden laut Kleiner, Müller und Köhler (2005, S. 8) auf der zeitlichen Achse nicht treffen. Während die Entscheidung zum Zukauf oder zur eigenen Leistungserbringung schon in einem frühen Stadium stattfindet, bezieht sich Outsourcing auf eine Leistung, die bereits erbracht wird und fremdvergeben werden soll.

Die Entscheidung ob man eine Leistung zukauft oder selbst erbringt, sollte laut Marx Gómez et al. (2009, S. 89) von der Wichtigkeit für das Regelgeschäft und dem Stellenwert im Unternehmen abhängen. So wäre das Einkaufen eines Standard-Buchhaltungsprogramms für ein Handelsunternehmen sicher denkbar, während das produktionssteuernde Programm eines Industriebetriebes eventuell selbst entwickelt werden sollte.

Eine weitere Grundlage ist in der Kostenrechnung laut Zahn, Ströder und Unsöld (2007, S. 36 ff.) zu finden. Dabei müssen alle in Bezug mit der Leistung stehenden Kosten betrachtet werden. Der Aspekt der Fristigkeit der Kosten zur Planung der Finanzen (Lechner et al., 2008, S. 906 ff.) ist dabei von bedeutender Rolle für die fortbestehende Liquidität des Unternehmens. Zahn et al. erläutern vertiefend, wie Fixkosten aufgrund ihrer Fristigkeit zu bewerten sind und eventuell den variablen Kosten gegenüberzustellen sind. Zur genaueren Bewertung von Investitionen empfehlen Zahn et al. (2007, S. 51) finanzwirtschaftliche Verfahren und nennen beispielhaft die statische und dynamische Investitionsrechnung.

Der Autor folgert, dass bei der anfänglichen Entscheidung für Make or buy ein späteres Outsourcing nicht beschlossen oder ausgeschlossen werden kann. Vielmehr entsteht dies im Rahmen der Geschäftstätigkeiten, wobei die bei der Selbsterstellung anfallenden fixen Kosten mit den anfallenden Kosten durch den Outsourcing-Anbieter und den eigenen für Verwaltung und Koordination verglichen werden müssen.

Nolting (2006, S. 46 ff.) zeigt neben seinen Ausführungen zu den quantitativen Ansätzen zur Entscheidungsfindung auch die Seite der qualitativen Faktoren, die auch Zahn et al. (2007, S. 56) als Entscheidungskriterium für eine Make or buy Strategie sehen. Qualitative Mehrwerte durch Zukauf von einem spezialisierten Unternehmen oder das Nichtvorhandensein von fundiertem Wissen im eigenen Betrieb können und sollen die Entscheidung bei Make or buy beeinflussen.

3.2.1.2 Konzentration auf Kernkompetenzen

Die Konzentration auf die Kernkompetenzen eines Unternehmens ist seit Anfang der 1990er Jahre für Aufbau, Sicherung und Ausbau von Wettbewerbsvorteilen (Müller-Stewens & Lechner, 2011, S. 205) im Zuge der Strategie- und Organisationsforschung herausgearbeitet worden.

Hodel et al. (2006, S. 62 f.) beschreiben die Vorteile der Konzentration auf die Kernkompetenzen als Toröffner für eine Alleinstellung am Markt. Konkret benennen sie diese als eine Art Grundstein des Unternehmens, da diese von Grund auf entwickelt wurden und nicht einfach von anderen Marktteilnehmern nachgeahmt oder kopiert werden können.

Strategisch sieht Pohl (2009, S. 4) in weiterer Folge die Spezialisierung auf die eigene Kernkompetenz als Motiv, genauso wie die garantierte Verfügbarkeit der angebotenen Leistung, welche vertraglich vereinbart wird und somit der Sicherung des Tagesbetriebs dient. Dies schafft den notwendigen Raum um präventiv auf den Markt zu reagieren, im Zuge dessen z. B. die Qualität zu verbessern, und damit eine gesteigerte Kundenzufriedenheit (Wagner & Käfer, 2010, S. 38) zu erreichen. Dabei muss jedoch kritisch erwähnt werden, dass gemäß Patzak und Rattay (2009, S. 586) eine zu intensive Spezialisierung oftmals zu Verlust der Veränderungsbereitschaft und der Gesamtsicht führt.

Möchte sich ein Unternehmen auf seine Kernkompetenzen konzentrieren, ist sich aber des Weges nicht bewusst, liegt das oft daran, dass die eigenen Kernkompetenzen nicht richtig verstanden werden. Hodel et al. (2006, S. 63 f.) raten deshalb dazu die eigenen Kernkompetenzen zu definieren und zu entwickeln. Hier nennen sie beispielhaft die Beobachtung des Marktes und den Vergleich mit dem eigenen Unternehmen oder die Analyse anderer erfolgreicher Unternehmen und zu hinterfragen wie diese ihre Kernkompetenzen definiert haben.

Die Sinnhaftigkeit einer derartigen Strategie definiert indirekt auch der Markt bzw. die Branche, in der sich ein Unternehmen bewegt. Müller-Stewens und Lechner (2011, S. 207) beschreiben diese Faktoren in Bezug auf die vorhandenen Ressourcen in Unternehmen. So dürfen die Wettbewerber am Markt nicht über die gleichen Fähigkeiten und Ressourcen verfügen wie das eigene Unternehmen und messen der Heterogenität am Markt entscheidenden Einfluss bei. Vertiefend argumentieren sie, dass durch die heterogene Aufteilung natürlich Vorteile für das eigene Unternehmen geschaffen sein müssen um diesen Weg einzuschlagen. Die tatsächliche Schwierigkeit zeigen sie in ihrem dritten Betrachtungspunkt auf, in dem der Markt selbst die Evaluierung und Honorierung für die erbrachte Leistung liefert.

Aus den bisherigen Ausführungen folgert der Autor, dass das Generieren eines USP oder das Besinnen auf das eigene Können und den relevanten Teil der Wertschöpfung zu einem entscheidenden Vorteil am Markt führen kann. Die Schwierigkeit kann das Unbewusstsein der eigenen Fähigkeiten und die Valorisierung dessen sein. Letzteres vor allem unter dem Gesichtspunkt, dass der Markt entscheidet ob die Früchte der Strategie angenommen werden oder nicht.

3.2.2 Wirtschaftliche Motive für Outsourcing

Wie in Abschnitt 3.2.1 erachtet der Autor es auch in diesem Abschnitt das Kriterium Wirtschaftlichkeit zu spezifizieren um im Nachgang die unterschiedlichen Maximen näher zu betrachten.

Lechner et al. (2008, S. 74) definieren Wirtschaftlichkeit als Auswahlprinzip und konkretisieren, dass man von Wirtschaftlichkeit nur dann sprechen kann, wenn man zwischen zwei verschiedenen Möglichkeiten beim Anfallen von Kosten die Wahl hat. Das Ziel ist die Soll-Kosten, welche als maximale Kosten oder die aktuellen Kosten definiert sein können, zu unterbieten.

In Anbetracht der wirtschaftlichen Rahmenbedingungen der letzten drei Jahre und den Ausführungen in Abschnitt 3.1 ist den finanzwirtschaftlichen Aufgaben eines Unternehmens ebenso Priorität beizumessen wie den kostenorientierten Aufgaben. Becker (2010, S. 3) fasst diese in der Planung der Liquidität und der bewussten Investition zusammen.

Der Autor gliedert daher die wirtschaftlichen Beweggründe folgend in kostenorientierte und liquiditätsorientierte Motive der Wirtschaftlichkeit. Im Gegensatz zu den Ansätzen der Strategie kann in diesem Abschnitt direkt auf Outsourcing eingegangen werden.

3.2.2.1 Kostenorientierte Wirtschaftlichkeit

Obwohl es in der Literatur keine einheitliche Definition von Kosten (Bogensberger, Messner, Zihr, & Zihr, 2008, S. 3; Lechner et al., 2008, S. 423) gibt, kann anhand gewisser Kriterien der Begriff abgegrenzt und somit spezifiziert werden.

Bogensberger et al. (2008, S. 19 f.) definieren Kosten als den sachlich und zeitlich normalisierten sowie bewerteten Verbrauch von Dienstleistungen und Gütern, der mit der Leistungserbringung in Zusammenhang steht. Damit lassen sich die Kosten von anderen Aufwänden abgrenzen, in dem sie dem Produkt zuordenbar und quantifizierbar sein müssen. Auch Lechner et al. (2008, S. 424 ff.) gehen mit dieser Näherung konform und unterteilen diese in fixe und variable Kosten. Die

Kategoriesierung bezieht sich dabei auf die Leistungserstellung und gibt an, ob diese Kosten in jedem Fall zur vollen Höhe anfallen – fixe Kosten – oder abhängig vom Umfang und der Menge der erstellten Leistung sind – variable Kosten.

Wie in Abschnitt 2.4.1 bereits beschrieben, werden im Zuge von Outsourcing teilweise fixe Kosten in variable Kosten transformiert. Dies trifft vor allem im Bereich der Kapitalbindungskosten und Abschreibungen (Koether, 2011, S. 23) zu, da die Gerätschaft für Outsourcing vom Anbieter selbst gestellt wird.

Laut Zahn et al. (2007, S. 9) wird das Argument der Kostenreduktion als Chance beim Outsourcing an erster Stelle gereiht. Kleiner et al. (2005, S. 13) führen beispielhaft das Nichtnachbesetzen von freigewordenen Ressourcen als eine derartige Kostenreduktion an. In Bezug auf Einsparungen overall kann laut Marx Gómez et al. (2009, S. 98 f.) ein Einsparungspotenzial in Höhe von circa 30 Prozent erreicht werden. Als Resultat entsteht eine Win-Win-Situation, da die tatsächlichen Kosten des Outsourcing-Anbieters bei ungefähr 50 Prozent der ursprünglichen Kosten des auslagernden Unternehmens gesehen werden. Im Zuge dessen müssen jedoch noch die einmaligen Transaktionskosten berücksichtigt werden, bei denen laut Kesten et al. (2007, S. 214) der größte Teil auf die Projekt- und Prozessphase entfällt. Unter Prozessphase wird die Erhebung und Dokumentation des aktuellen sowie die Definition des zukünftigen Arbeitsablaufs gesehen, da im zukünftigen Betriebsmodus die IT nicht wie bisher auf Zuruf und unbürokratisch reagieren kann. Eine Definition derartiger Prozesse ist sehr zeit- und kostenintesiv (Kütz, 2005, S. 128 f.), da sämtliche Möglichkeiten der Anforderungen im Unternehmen betrachtet werden müssen und bei der Modellierung grundsätzlich von der Seite der Anforderinnen und Anforderer zu beginnen ist.

3.2.2.2 Liquiditätsorientierte Wirtschaftlichkeit

Die Prämisse >>Liquidität ist für Unternehmen wichtiger denn je<< kann angesichts der verhaltenen Kreditvergabe durch Banken, wie in Abschnitt 3.1 beschrieben, ohne weiteres argumentiert werden. Doch gilt es die liquiditätsorientierte Wirtschaftlichkeit intensiver zu beleuchten um zusätzliche Argumente für oder gegen diese Ausrichtung darzulegen.

Die Liquidität eines Unternehmens dient der Zahlungsfähigkeit und dem Fortbestehen einen Unternehmens (Becker, 2010, S. 12) und wird als strenge Nebenbedingung des Rentabilitätsstrebens gesehen.

Die Erhöhung der Liquidität kann durch Reduktion der Kapitalbindung erreicht werden und wird von Söbbing (2006, S. 7) anhand ausbleibender Investitionen im Bereich der IT-Komponenten veranschaulicht. Kleiner et al. (2005, S. 13) beschreiben im Zuge von Outsourcing den Liquiditätszuwachs im Unternehmen durch Verkauf der bestehenden relevanten Aktiva an den Outsourcing-Anbieter. Hierbei ist zu beachten, dass die Liquidierbarkeit eines Vermögensgegenstandes umso höher ist, je niedriger die Transaktionskosten und die Preisschwankungen des Vermögensgegenstandes (Becker, 2010, S. 13) sind.

Obwohl die Liquiditätsplanung eines Unternehmens nur einen kurzen Planungshorizont von circa einem Jahr hat (Becker, 2010, S. 31), ist sie laut Kleiner et al. (2005, S. 177 f.) gerade für Unternehmen in der Startup-Phase von besonderer Bedeutung, da viele Kosten sofort anfallen und im Falle von Outsourcing einige große Kostenblöcke vermieden werden können. Sie beschreiben, dass in der Planung die Servicekosten oftmals mit Miete, Kredit- oder Leasingkosten verglichen werden, was nur bedingt zulässig ist, jedoch einfacher in der Umsetzung ist.

Ein Wettbewerbsvorteil durch Liquidität entsteht durch die Verringerung des Kapitalbedarfs für Aktiva, wenn dadurch Skaleneffekte geschaffen werden (Müller-Stewens & Lechner, 2011, S. 175; Nolting, 2006, S. 42). Das freie Kapital ist kurzfristig verfügbar und schafft Kostenvorteile z. B. im Materialbedarf.

3.2.3 Reflexion der Outsourcing-Motive

Die Motive eines Unternehmens für Outsourcing können sehr unterschiedlich sein. Letztendlich enden jedoch alle in einer Steigerung des Unternehmenswertes und der Absicherung des Unternehmens. Strategisch werden Unternehmen ausgerichtet entweder sich anhand ihres USP am Markt zu behaupten oder einen USP zu generieren – ohne den Nutzen des Produkts zu vernachlässigen (Kotler, Keller, & Bliemel, 2007, S. 378) – und sich am Markt zu positionieren. Ein anderer Weg ist die Betrachtung des Kapitals und wie bzw. ob es den Weg zum Ziel ebnen kann oder ob man sich weniger Kapital bedient und fremde Leistungen über einen Servicevertrag zukauft. Wirtschaftliche Entscheidungen im laufenden Betrieb passen sich den Marktgegebenheiten an und können auch die Operationalisierung einer geänderten Strategie sein. Sie entscheiden über den Weg des kostenorientierten oder liquiditätsorientierten Handelns.

3.3 Voraussetzungen für Outsourcing in Unternehmen

Basierend auf den bisherigen Erkenntnissen werden in diesem Abschnitt verschiedene Voraussetzungen im Unternehmen auf ihre Möglichkeiten für Outsourcing hinterfragt. Der Autor gliedert zur separaten Betrachtung in die Bereiche Strategie und betroffener Bereich.

3.3.1 Strategie als Enabler

Um eine Entscheidung für Outsourcing treffen zu können, müssen auch auf strategischer Ebene (Abschnitt 3.2.1) die Voraussetzungen dafür geschaffen sein. Ein funktionierendes strategisches Management beruht jedoch immer auf einem gelebten Prozess. Eschenbach und Siller (2011, S. 155 ff.) sehen bei diesem Prozess fünf Phasen die sich in einem ständigen Kreislauf befinden und dadurch in einem kontinuierlichen Verbesserungsprozess (Wagner & Käfer, 2010, S. 229; Olfert, 2009, S. 231) dargestellt sind. Dadurch wird eine Handlungsverpflichtung durch periodische Selbstevaluation geschaffen. Die Unendlichkeit des Prozesses wird anhand der grafischen Darstellung in **Anhang 2** verdeutlicht. Eschenbach und Siller benennen die fünf Phasen:

1. Umfeld- und Unternehmensanalyse
2. Strategieentwicklung
3. Strategiebewertung und strategische Planung
4. Umsetzung der Strategie
5. Strategieüberprüfung

Zur Umfeld- und Unternehmensanalyse zählen Eschenbach und Siller ökonomische Rahmenbedingungen, Marktpotenzial, Marktstruktur, Erfolgsmessung der aktuellen Strategie, Liquiditätssituation, Kostenentwicklung, uvm. Als wichtigste Erkenntnisse lassen sich der am Markt gesehene Produktnutzen, die positiven und negativen Chancen am Markt, Erfolgsfaktoren, sowie die Stärken und Schwächen innerhalb des Unternehmens erarbeiten.

Bei der Strategieentwicklung inkludieren sie die Identifikation der Erfolgspotenziale, Identifikation der Ressourcen und Fähigkeiten sowie die Entwicklung möglicher strategischer Optionen. Das Ergebnis sollte die Wahl der Strategie sein, die – unter Berücksichtigung von Stärken und Schwächen – am besten die Chancen im Umfeld nutzt und die Risiken bestmöglich reduziert. In diesem Zusammenhang bewerten Marx Gómez et al. (2009, S. 60 f.) sowie Lux (2010, S. 40) Ziele und Visionen als unerlässlich um eine Strategie zu entwickeln.

Die Strategiebewertung und strategische Planung ist laut Eschenbach und Siller in qualitativer und quantitativer Form möglich. Dabei liegen bei der qualitativen Form die Umsetzbarkeit und das Chancen- / Risikoverhältnis im Fokus, während bei der quantitativen Form Kennzahlen und Maßnahmen zu deren Erreichung oberste Priorität haben.

Zur Umsetzung einer Strategie trägt laut Eschenbach und Siller sowie Stöger (2007, S. 210) am meisten die Akzeptanz und Klarheit der Zieldefinition bei allen Beteiligten bei. Den Schlüssel zum Erfolg benennen sie, genauso wie Speculand (2009, S. 168 f.) mit Kommunikation, Überzeugung und Anweisungen, messen dem Instrument Zwang jedoch wenig Erfolg bei.

Die Überprüfung der Strategie schließt den 5-Phasen-Kreislauf und berichtet über den aktuellen Status. Eschenbach und Siller empfehlen die Überprüfung auf mehreren Ebenen in den Kategorien Durchführung und Prämisse erfolgen zu lassen und dabei eine zeitliche Abstufung vorzunehmen. Müller-Stewens und Lechner (2011, S. 581 f.) sehen ebenfalls eine Kontrolle in verschiedenen Kategorien für eine gesicherte Erkenntnis über Erfolg oder dem Bewusstsein zur Nachsteuerung.

Auch Kütz (2005, S. 50 ff.) stützt sich auf einen Kreislauf im Sinne der kontinuierlichen Verbesserung. Seine Beschreibung beschränkt sich im Gegensatz zur Ausführung von Eschenbach und Siller auf vier Phasen. Er benennt sie mit Planung, Umsetzung, Analyse und Korrektur. Auch Stöger (2007, S. 26 ff.) zeigt einen Strategieprozess als Kreislauf mit vier Phasen. Er benennt die Phasen mit Ausgangslagenbeurteilung, Strategieoptionen erarbeiten, Strategie entwickeln und Umsetzung sowie Weiterentwicklung der Strategie.

Basierend auf den zugrundeliegenden Ausführungen der verschiedenen Quellen schließt der Autor, dass die kontinuierliche Verbesserung der Strategie von großer Bedeutung für den langfristigen Erfolg eines Unternehmens hat, wenngleich die Phasen der unterschiedlichen Konzepte nicht übereinstimmen.

3.3.2 Betroffener Bereich als Enabler

Kesten et al. (2007, S. 28 ff.) teilen die Bewertung dieses Bereichs in verschiedene Modi und veranschaulichen das Resümee ihrer Ausführungen in ihrem Chancen- / Risiko-Portfolio, welches in **Abbildung 3** dargestellt wird. Sie nennen diese strategischer Modus, Fabrik-, Support- und Umstrukturierungsmodus.

- Strategischer Modus: Je höher die Chancen und Risiken eines Unternehmens beim Einsatz von IT sind, desto höher muss dem Thema strategischer Wert beigemessen werden. Im Bestfall ist eine permanente Abstimmung der IT-Strategie mit der Unternehmensstrategie vorhanden und die Innovationsfähigkeit wird laufend analysiert. Außerdem muss bei stetigem

Know-how-Aufbau permanent nach Kostensenkungspotenzialen gesucht werden.

- Fabrikmodus: Sind die Chancen für ein Unternehmen gering, die Risiken jedoch hoch, ist der Innovationsfähigkeit wenig Priorität beizumessen. Hier gilt das Hauptaugenmerk der Ausfallssicherheit und der Datensicherheit.

- Supportmodus: Bei Unternehmen mit geringen Chancen und geringen Risiken ist Kosteneffizienz die oberste Prämisse. Parallel wird ab und an das Chancenpotenzial neu evaluiert. Regelmäßiges Monitoring von weiteren Möglichkeiten zur Kostensenkung sowie die Sicherstellung des Betriebs mit akzeptabler Verfügbarkeit der Systeme ist integrierter Bestandteil der Strategie.

- Umstrukturierungsmodus: Unternehmen mit hohen Chancen und geringen Risiken befinden sich in der glücklichen Situation sich fast nur den finanziellen Aspekten widmen zu müssen. Hierbei geht es um die Sicherstellung des notwendigen Budgets zu Realisierung der nächsten innovativen Schritte und der Aufstockung des Humankapitals. Natürlich muss auch die Unternehmensorganisation an den neuen Stellenwert der IT im Unternehmen angepasst werden und die notwendigen Kooperationen mit externen Partnern eingegangen werden.

Aus den Ausführungen von Kesten et al. gefolgert, ergibt sich, dass beim strategischen Modus und im Umstrukturierungsmodus auf jeden Fall das Top-Management im Unternehmen zu involvieren ist. Die beiden anderen Modi können als Tagesgeschäft bewertet werden, bedürfen jedoch trotzdem regelmäßiger Evaluierung. Zur Reflexion der bisherigen Einordnungen von Kesten et al. ist deren Chancen- / Risiko-Portfolio in **Abbildung 3** dargestellt.

Abbildung 3: Chancen- / Risiko-Portfolio
Eigene Darstellung von Kesten et al., 2007, S. 27

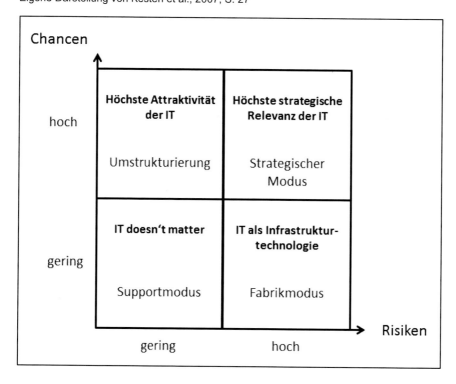

Marx Gómez et al. (2009, S. 88 f.) unterteilen die Bedeutung der IT-Systeme für das Unternehmen in drei Kategorien und lassen einerseits die unternehmensbezogene strategische Bedeutung sowie die Individualität der Aufgabenstellung bezogen auf Unternehmensziele und Kernprozesse in die Beurteilung einfließen. Systeme, die für das Unternehmen wenig Bedeutung haben, würden sie zukaufen, wogegen sie bei strategisch prioren und individuellen Lösungen zur Eigenerstellung raten. Dabei stützen sie Ihre Argumente auf verschiedene Werke von Andreas Gadatsch. Da über den gesamten Zeitraum dieser Arbeit die von Marx Gómez et al. genannten Quellen von A. Gadatsch nicht zugänglich waren, wurden diese Erkenntnisse und die zusammenfassende Darstellung in **Abbildung 4** auf Marx Gómez et al. referenziert.

Abbildung 4: Outsourcing-Standardstrategien
Eigene Darstellung von Marx Gómez et al., 2009, S 89

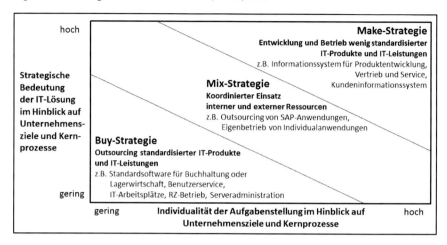

Im Kontrast zu den Ausführungen von Kesten et al. (**Abbildung 3**) sowie Marx Gómez et al. (**Abbildung 4**) zeigen Hodel et al. (2006, S. 173) in ihrer Betrachtung die Unterscheidung zwischen den Stärken des Unternehmens und der Differenzierung hinsichtlich der Konkurrenz. Zu den Stärken des Unternehmens zählen sie Vorteile in den Bereichen Qualität, Kosten und Zeit um die Leistung selbst zu erstellen. Die Darstellung ihrer Make or buy Matrix in **Abbildung 5** zeigt, dass eine Bewertung beider Kriterien mit hoch zu einer Selbsterstellung führt, während die Bewertung mit niedrig hinsichtlich beider Kriterien zu einer Outsourcing-Entscheidung führt.

Abbildung 5: Make or buy Matrix
Eigene Darstellung von Hodel et al., 2006, S. 174

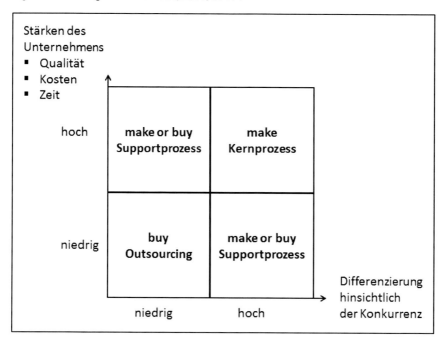

Die unterschiedlichen Betrachtungen in der Literatur zeigen dem Autor ein Gesamtbild, indem es möglich ist, sich anhand des Marktes – Ausführungen von Kesten et al. – oder anhand der Wertschöpfungskette im Unternehmen – Erläuterungen von Marx Gómez et al. und Hodel et al. zu orientieren. Eine Kreuzung dieser Theorien kombiniert mit den Outsourcing-Motiven (Abschnitt 3.2) bildet nach Meinung des Autors eine vielseitigere Entscheidungsgrundlage.

3.3.3 Reflexion der Outsourcing-Voraussetzungen

Der Autor sieht in beiden betrachteten Bereichen Potenzial zum Outsourcing für Unternehmen. Ein guter Strategieprozess im Sinne des kontinuierlichen Verbesserungsprozesses ermöglicht eine korrekte Bewertung der bisherigen Aktivitäten und deren Erfolg sowie eine Neuausrichtung um zukünftige Ziele zu erreichen oder vergangenen Fehlaktionen gegenzusteuern. Bei der Bewertung des vom Outsourcing wahrscheinlich betroffenen Bereichs gibt es unterschiedliche Ansätze. Die

Kombination der strategischen Konsequenz in der Verbesserung und der Bewertung der eigenen Bereiche bildet bereits eine gute Grundlage um – wie bereits in Abschnitt 3.3.2 erwähnt – in Verbindung mit den Motiven eine Entscheidung treffen zu können.

3.4 Chancen und Risiken

Der Autor erachtet eine Unterteilung der Chancen und Risiken in verschiedene Kategorien in diesem Abschnitt nicht als sinnvoll, da die Vernetzung untereinander zu eng ist und eine exakte Trennung nicht ohne Redundanzen vorgenommen werden kann. Die Betrachtungen treffen die bisher in dieser Arbeit analysierten Bereiche und zeigen Potenziale positiver und negativer Natur auf.

Eine Chance, die sich durch Outsourcing ergeben kann, betrifft die Liquidität. Wie bereits in Abschnitt 3.1 beschrieben, ist die Erhaltung der Liquidität unter den aktuellen wirtschaftlichen Rahmenbedingungen ungleich schwieriger als früher. Lechner et al. (2008, S. 506) beschreiben bei der Erhaltung der Liquidität die Ausrichtung der Produktpreise an den Kosten und vice versa. Genau hier sieht Wünsche (2010, S. 124) die Chance entweder die Liquidität zu steigern, indem das relevante Anlagevermögen an den Outsourcing-Anbieter veräußert wird oder in einer Form des Gegengeschäfts. Sie beschreibt eine Gegenrechnung mit notwendigen Schulungen für die Belegschaft oder den laufenden Kosten. Der Autor sieht genau in letzterer Situation die Realisation der Kostensenkung und die Chance mit wettbewerbsfähigen Preisen am Markt präsent zu bleiben.

Kesten et al. (2007, S. 11 ff.) sehen in der Senkung der IT-Kosten alleine nicht den Weg zum Erfolg. Oftmals sind auch die Prozesskosten zu hinterfragen und die Harmonisierung von IT und Prozessen herbeizuführen. Um die Früchte dieser Harmonisierung zu ernten, muss dieses Szenario auf seine Effizienz bewertet werden. In diesem Bereich sieht Jaspersen (2005, S. 128 f.) den Mehrwert durch Outsourcing-Vorhaben in der Dokumentation der Prozesse und dem Erlangen des tatsächlichen Bewusstseins über Abläufe und Kosten. Als Hintergrund nennt er die Erfordernis der Abgrenzbarkeit von Prozessen im IT-Umfeld um diese überführen, steuern und bewerten zu können.

In Bezug auf die Bewertung der Prozesskosten sehen Kesten et al. (2007, S. 142) eine Erhebung der Arbeitsaufgaben und der benötigten Zeit dafür vor. In Verbindung mit einer Erhebung eventuell regelmäßig ausbezahlter Überstunden könnten diese eingespart werden und es muss kein Personal freigesetzt werden. Ist dies nicht der Fall kann überlegt werden, ob die Aufgaben der Mitarbeiter überdacht und neu definiert werden müssen. Eventuell können neue Aufgaben ohne zusätzliche Mitarbeiterinnen und Mitarbeiter geplant und umgesetzt werden. Oft sieht die Belegschaft Outsourcing als Chance (Jouanne-Diedrich, 2008, S. 85) in der Meinung, dass es besser ist – auch nichterfreuliche – Änderungen im Unternehmen mitzumachen und an der Gestaltung aktiv beteiligt zu sein, als vor vollendete Tatsachen gestellt zu werden. Hier kann laut Wünsche (2010, S. 120 f.) auch das auslagernde Unternehmen in krisenanfälligen Zeiten die Initiative ergreifen und durch differenziertes oder duales Sourcing zum einen den Preisdruck auf die Anbieter erhöhen und zum anderen die Abhängigkeit reduzieren. Dabei beschreibt sie Varianten, in denen entweder auf verschiedene Lieferanten gesetzt wird oder innerhalb des Unternehmens eine kostengünstige Backup-Variante zur Eigenerstellung vorgehalten wird. Der Autor sieht in diesem Faktor Potenzial zur Messung des realisierten Mehrwerts auf Kostenseite für das Unternehmen.

In Abschnitt 3.3.2 wurde bereits auf die Bewertung des auszulagernden Bereichs eingegangen und komplexe Lösungen durchgehend als nichtauszulagernd gesehen. Eine Untersuchung aus Sicht der Lieferanten bzw. Outsourcing-Anbieter (De Bono, Nikolik, & De Bono, 2011) zeigt jedoch die Bereitschaft kleinerer Outsourcing-Anbieter genau in diesem Feld Fuß zu fassen und sich zu etablieren. Dies kann als Chance für Unternehmen gesehen werden, nicht standardisierte Lösungen kostengünstig und flexibel beziehen zu können um sich auf die Kernkompetenzen zu konzentrieren. Gerade diese Flexibilität wird neben den Kostenvorteilen als Kriterium zur Wahl des Outsourcing-Anbieters (Köhler-Frost, 2005, S. 199) gesehen. Er argumentiert, dass diese Flexibilität in der Dauer und Möglichkeit der Änderung von Service Level Agreements ein wichtiges Kriterium für das auslagernde Unternehmen sein sollte.

Diese Betrachtung begünstigt die Sichtweise der Wirkungskategorien von Kesten et al. (2007, S. 140 f.) in vier Kategorien. Die erste Kategorie sind prozessbezogene Wirkungen wie z. B. Arbeitszeiteinsparung, bessere Entscheidungsgrundlagen, schnellere Reaktionsmöglichkeiten und Verbesserung der Prozessqualität. In der zweiten Kategorie nennen sie kunden- und marktbezogene Wirkungen wie z. B. Erhöhung der Kundenbindung, Erschließung neuer Märkte und Verbesserung der Produktqualität. Die ressourcenbezogenen Wirkungen bilden die dritte Kategorie und haben als Beispiel die Verringerung des Raum- und / oder Materialbedarfs. In der vierten und letzten Kategorie werden die IT-bezogenen Wirkungen eingeteilt, wo die Verbesserung der Datensicherheit, die Senkung von Wartungskosten und die Steigerung der Systemstabilität hinzuzurechnen sind. Weiters sind die Kosten mit den Chancen wie z. B. Stärkung des Umsatzes bei bestehenden Kundenbeziehungen oder Ausweitung des Umsatzes durch neue Kundenbeziehungen gegenüberzustellen und zu bewerten.

Genau diesen Ansatz verfolgen auch die Outsourcing-Anbieter (Song & Wong, 2009) und beurteilen die Kundenzufriedenheit als ein wichtiges Kriterium für Erfolg und nachhaltige Geschäftsbeziehungen. Sind Kundinnen oder Kunden durch den Einsatz der IT im Unternehmen betroffen, entsteht hier eine Chance die Wertschöpfung an Kundinnen und Kunden zu steigern. Kesten et al. (2007, S. 147 f.) zeigen das Potenzial zum Erwerb von Neukundinnen und Neukunden sowie das Verhindern von Kundenabgängen auf. Als weiteren Aspekt bringen sie einen Mehrumsatz bei Kundinnen und Kunden ein, der durch Kundenzufriedenheit generiert wird.

Marx Gómez (2009, S. 82) befinden die Verlagerung des Projektrisikos an den Outsourcing-Dienstleister als Vorteil in der Geschäftsbeziehung. Dies ist nach Auffassung des Autors allerdings mit den ausverhandelten Service Level Agreements (Abschnitt 0) sowie den damit verbundenen Qualitäts-Risiken in Relation zu stellen und ist auch Punkt in der Betrachtung des Umfangs von Outsourcing und muss zu Beginn in der Strategie genau auf Chancen und Risiken evaluiert (Bals, 2008, S. 32 f.) werden um späteren Problemen und ungewünschten Effekten vorzubeugen. Obwohl eine Kostenführerschaft – sie ist ein Enabler zur

Beherrschung des Wettbewerbs (Porter, 2008, S. 5 ff.) – erstrebenswert ist, muss immer die gesamte Wertschöpfung auf ihre Qualität (Kumar & Zander, 2007, S. 153 f.) untersucht und überwacht werden, damit Qualität nicht mehr kostet – im Sinne der Position am Markt – als die Kosten davor betrugen.

3.5 Kritische Erfolgsfaktoren

Aufgrund intensiver und übergreifender Recherche konnte der Autor eine Reihe von kritischen Erfolgsfaktoren identifizieren. Um diese strukturiert darstellen zu können, werden diese in die Kategorien Veränderung, Transparenz, Flexibilität und Bewusstsein unterteilt.

3.5.1 Veränderung im Unternehmen

Die Akzeptanz aller Beteiligten ist zur Umsetzung eines Vorhabens von größter Bedeutung und wurde bereits in Abschnitt 3.3.1 behandelt. Dies wird auch durch die Ausführungen von Kostka und Mönch (2009, S. 21 f.) bekräftigt. Sie definieren den Prozess des Change Managements als Förderung der Mitarbeiteridentifikation mit den Zielen des Unternehmens und den damit verbundenen Aktivitäten. Auch Stock (2004, S. 133) sieht in der Belegschaft den Schlüsselfaktor zum erfolgreichen Umsetzen einer Strategie. Als wichtigsten Schritt sehen Kostka und Mönch dabei die Integration bereits im Vorfeld aller Betroffenen in den Veränderungsprozess. Stolzenberg und Heberle (2009, S. 2) sehen in der Organisationsveränderung auch eine potenziell negative Veränderung des Arbeits- und sozialen Verhaltens der Mitarbeiterinnen und Mitarbeiter.

Um dem beschriebenen Zustand entgegenzuwirken setzen Kostka und Mönch (2009, S. 23) auf Motivation der Mitarbeiterinnen und Mitarbeiter und argumentieren, dass diese den Weg gerne mitgehen, wenn sie Chancen erkennen können. Diese Meinung teilen auch Stolzenberg und Heberle (2009, S. 13), setzen aber differenzierter in der Motivation an. Sie sind der Meinung, dass es erfolgsversprechender ist der Belegschaft die Vision und den Zielzustand zu kommunizieren anstatt der nächsten Schritte und Teilziele.

Als Ergebnis einer Studie (Tan, 2009) kann beobachtet werden, dass der Erfolg von einem Outsourcing-Vorhaben zum großen Teil mit der Zufriedenheit der Beteiligten am Arbeitsplatz einhergeht, wodurch die bisherigen Erkenntnisse und Empfehlungen in diesem Abschnitt bekräftigt werden. Auch Gareis (2006, S. 579) befindet die Anforderungen, vor allem an das Management, bei derartigen Projekten als besonders hoch und streicht die hohe soziale Komplexität in derartigen Projekten hervor.

3.5.2 Transparenz im Unternehmen

Die Transparenz der anfallenden Kosten im Unternehmen geben Aufschluss über Stärken und Schwächen im Unternehmen. Becker (2010, S. 29 ff.) sieht gerade die Transparenz als einen wesentlichen Faktor für zukünftige Planungen in Bezug auf Liquidität und zukünftige Investitionen. Weimer und Seuring (2008, S. 29 f.) haben im Bereich des Outsourcing den Informationsbedarf im operativen Service-Reporting erkannt. Zu dieser Erkenntnis gelangten sie mittels einer Delphi-Studie zur Erhebung der Top-5-Informationsbedarfe, um Outsourcing-Anbieter besser steuern zu können.

Ein anderer Aspekt der Transparenz liegt in der Erfolgsmessung. Unter dem Gesichtspunkt, dass Outsourcing einem Projekt gleichkommt, zeigt der Autor die Schwierigkeiten bei der Bewertung eines derartig geplanten Vorhabens.

Kesten et al. (2007, S. 129 ff.) unterteilen hier in eine Ex-ante-Schätzung und eine Ex-post-Analyse. Beide sind ihren Angaben nach problembehaftet. Bei der Ex-ante-Schätzung ist das primäre Problemfeld die Bewertung des zu erwartenden Nutzens, da qualitative Maßnahmen schwer monetär zu bewerten sind. Bei der Ex-post-Analyse ist die Herausforderung das korrekte Bewerten der Zusatzaufwände, welche eventuell durch mangelhafte Vorbereitung entstanden sind. Auch der Nutzen ist ihren Ausführungen zu Folge nicht immer eindeutig festzustellen, wenn gleichzeitig andere Faktoren wie z. B. eine Anpassung der Organisation schlagend werden. Der Vergleich von Durchlaufzeitmessungen vor und nach der Änderung ist in diesem Fall unbereinigt.

Durch detailliertes und effektives Controlling kann eine Erfolgsmessung nach einem Outsourcing-Projekt besser erfolgen (Littkemann, Derfuß, & Gorius, 2010) und liefert somit eine fundierte Basis für zukünftige Aktionen.

3.5.3 Flexibilität im Unternehmen

Das Beziehen neuer innovativer Lösungen von einem Outsourcing-Anbieter trägt, nach den in dieser Arbeit bisherigen gewonnenen Erkenntnissen des Autors, zur Flexibilität im Unternehmen bei. Anders als Innovationen im eigenen Unternehmen durchzusetzen, ist das Anbieten solcher Technologien der Erfolgsfaktor des Anbieters (Schewe, 2007) und ermöglicht es dem Unternehmen, neue Wege einfacher zu beschreiten. Hierbei können ebenfalls die Aussichten der wirtschaftlichen Motive, wie Kosteneinsparungen zu realisieren, der Wegfall von hohen Investitionskosten und der Erwerb von externem Know-how (Pohl, 2009, S. 4), erreicht werden.

Kesten et al. (2007, S. 21 ff.) sehen die Risiken beim Outsourcing in einer potenziellen Abhängigkeit vom externen Dienstleister. Dem kann durch selektives Outsourcing entgegengewirkt werden. Weiters sehen sie einen potenziellen Know-how Verlust. Diesen unterteilen Kesten et al. zum einen in das Know-how der eigenen Mitarbeiter über die IT-Systeme und die Prozesse. Zum anderen nennen sie einen potenziellen Wettbewerbsvorteil durch besonders effektive und effiziente IT-Gestaltung, die der Outsourcing-Anbieter im Zuge einer Standardisierung eventuell seinen anderen Kunden offerieren könnte.

Patzak und Rattay (2009, S. 575) haben ebenso erkannt, dass in der heutigen Zeit die Situation in Unternehmen keineswegs stabil ist und Flexibilität – z. B. durch Projektierung von Vorhaben zur Förderung der Mitarbeiterinnen und Mitarbeiter in ihrem unternehmerischen Denken – geforderter ist denn je.

3.5.4 Bewusstsein über die aktuelle Situation

Laut einer Studie von Weber und Zubler (2010, S. 33) hat sich das Controlling in Unternehmen seit Beginn der Krise geändert. Es wird vermehrt auf verschiedene Szenarien geplant, Risiken umfassender analysiert und die Planungszyklen verkürzt. Marx Gómez et al. (2009, S. 161 f.) sehen Erfolgspotenzial und daraus resultierend Aktionsbedarf in der Evaluierung von Projekten allgemein. Auch im Berichtswesen haben Weber und Zubler (2010, S. 44 f.) eine Veränderung festgestellt. Dies spiegelt sich in der gestiegenen Priorität bei der Liquiditätsüberwachung von Unternehmen wider, welche von der Krise betroffen sind. Ein anderer Trend ist die intensivere Nutzung von Prognose- und Planwerten in Relation mit den vergangenen IST-Werten innerhalb der Unternehmen.

Der Autor sieht in diesen Erkenntnissen die Bestätigung dafür, dass, die in Abschnitt 3.1 erläuterten, veränderten Rahmenbedingungen des Wirtschaftens tiefgreifenden Einfluss auf das Wirken in Hinblick auf künftige Projektentscheidungen haben.

Das Bewusstsein über die aktuelle Situation umfasst auch das Bewusstsein zu der gewünschten Zielsituation. Reichert (2005, S. 177) beschreibt ein Vorgehen der Definition von Zielen, bei dem diese hierarchisch angeordnet werden. Weiters geht er auf die Formulierung der Ziele ex ante ein. Der Autor erkennt hier eine Parallelität zur Motivation der Mitarbeiterinnen und Mitarbeiter in Abschnitt 3.5.1.

3.5.5 Reflexion der kritischen Erfolgsfaktoren

Der Autor erkennt in den verschiedenen betrachteten Bereichen der kritischen Erfolgsfaktoren Gemeinsamkeiten. Diese Vernetzung hat zum Vorteil, dass durch gegensteuernde oder vorbeugende Maßnahmen möglicherweise positive Effekte in mehreren Bereichen erzielt werden können. Andererseits ist Vorsicht geboten um durch eine Aktion, die in einem Bereich positiv gesehen wird, in einem anderen Bereich nicht eine Verschlechterung herbeizuführen.

4 Abschließende Betrachtung

Diese Bachelorarbeit hatte zum Ziel den Mehrwert von Outsourcing für Unternehmen im Fokus der wirtschaftlichen Rahmenbedingungen der letzten drei Jahre zu erforschen und diesen zu quantifizieren. Daher werden im folgenden Kapitel die zusammengetragenen Erkenntnisse in gebotener Kürze zusammengefasst. Anschließend formuliert der Autor sein Fazit, basierend auf den erlangten Erkenntnissen, um die zugrunde liegende Forschungsfrage zu beantworten. Als letzten Punkt spricht der Autor seine Empfehlung zur weiteren Forschung aus.

4.1 Zusammenfassung der Erkenntnisse

Der erste Schritt zur Beantwortung der Forschungsfrage umfasste die Untersuchung des Begriffs Outsourcing und dessen unterschiedliche Ausprägungen. Im Zuge dessen wurde der Begriff Outsourcing auf die relevante Betrachtung für den weiteren Verlauf der Arbeit eingegrenzt. Die Erkenntnis dabei war, dass die Leistungserbringung durch fremde Dienstleister als Outsourcing bezeichnet werden kann und resultierte zum Zwecke einer besseren Vergleichbarkeit durch Vorhandensein ausreichender Quellen in der Eingrenzung des Gebiets der IT.

Die Ausprägungen von Outsourcing sind zahlreich und vielschichtig, da sich diese im Laufe der Zeit durch ihre unterschiedliche Anwendung verändert haben. So wird unterschieden in die Auslagerung der kompletten Infrastruktur oder eines Geschäftsprozesses und in das Beziehen von gezielten Leistungen in Form von Applikationen. Ein weiteres Unterscheidungskriterium bezeichnet die geographische Dimension, bei der die Leistungserbringung innerhalb des Konzerns im eigenen oder in einem fremden Land erfolgen kann. Die unterschiedlichen Lokationen wurden auch Zusammenhang mit der externen Leistungserbringung diskutiert.

Bei den Effekten von Outsourcing wurden im Bereich der Kosten Potenziale zur Einsparung sowie die Skalierungseffekte positiv bewertet. Hingegen wurde erkannt, dass die entstehenden Aufwände oftmals nicht im Vorhinein komplett erfasst bzw. geplant werden und dadurch die erhofften Kostenvorteile nicht zur Gänze realisiert werden können. Im Risikobereich bringt ein Verlagern der Kompetenzen im Bereich Technologien und Kapitalbindung eine Verbesserung für Unternehmen, wenn diese gut vorbereitet in die Vertragsverhandlungen gehen und hierbei das notwendige Know-how mitbringen. Als letzter Effekt wurde die Auswirkung im Wettbewerb betrachtet. In diesem Zusammenhang wurde festgestellt, dass ein Erwerben von spezifischem, höherwertigem Know-how zu Vorteilen in den Bereichen Flexibilität und Qualität führen kann. Dem entgegen steht die Komplexität der auszulagernden Leistung, welche zu Einbußen in der Qualität durch den Know-how-Abfluss führen kann und sich beim Backsourcing in zusätzlichen Kosten widerspiegelt.

Basierend auf dieser Grundlage wurde Outsourcing in den Kontext der wirtschaftlichen Rahmenbedingungen der letzten drei Jahre gestellt. Als erster Schritt wurden die wirtschaftliche Prägung, deren Ursprung und die daraus entstandenen Folgen belegt. Anschließend wurden, basierend auf den Erkenntnissen der wirtschaftlichen Prägung, die Motive von Unternehmen für Outsourcing untersucht. Die Gliederung der Motive wurde in strategischer und wirtschaftlicher Betrachtung vorgenommen.

Als Erkenntnisse aus der Betrachtung der strategischen Motive konnten auf der einen Seite die Ausrichtung eines Unternehmens in Richtung Make or buy und auf der anderen Seite die Konzentration auf die Kernkompetenzen gewonnen werden. Bei der Make or buy Strategie konnten als Indikatoren für die notwendige Entscheidung die Priorität des Bereichs im Unternehmen sowie die Kapitalbindungskosten identifiziert werden.

Die wirtschaftliche Betrachtung wurde in Kostenorientierung und Liquiditätsorientierung unterteilt. Die kostenorientierte Bewertung umfasst die Verteilung der Kosten auf einzelne Elemente und deren Zuordenbarkeit in Bezug auf Transparenz sowie die Einsparungspotenziale durch Anwenden von Outsourcing. Liquiditätsorientiert betrachtet, konnte erkannt werden, dass die Vorhaltung von Liquidität erheblich bedeutsam für die Sicherung des Unternehmens ist. Die Art und Weise wie diese durch Outsourcing erzielt werden kann ist jedoch unterschiedlich.

Um die Voraussetzungen von Unternehmen, die Outsourcing ermöglichen oder erleichtern, zu untersuchen, wurden hier analog zu den Motiven die Kategorisierung in Strategie und betroffener Bereich vorgenommen.

Die Erkenntnisse zur Strategie eines Unternehmens als Voraussetzung für Outsourcing lassen sich dahingehend zusammenfassen, dass eine Strategie im Idealfall eines kontinuierlichen Verbesserungsprozesses bedarf und die Einbindung aller Stakeholder von erheblicher Bedeutung ist.

Der betroffene Bereich muss im Kontext Priorität für das Unternehmen zur Sicherung von Wettbewerbsvorteilen bewertet werden. Dazu konnten in der Literatur unterschiedliche Vorgehensweisen identifiziert werden. Es wurden in dieser Arbeit die Kriterien Chancen vs. Risiken, Strategische Bedeutung vs. Individualität, sowie Unternehmensstärken vs. Differenzierung zur Konkurrenz betrachtet, wobei jede für sich als sinnhaft erscheint.

Die Chancen und Risiken für Unternehmen bei der Entscheidung für Outsourcing wurden anschließend in den Kontext der wirtschaftlichen Prägung gestellt. Dabei wurde erkannt, dass die Sicherung der Liquidität durch Outsourcing auf verschiedene Weisen erzielt werden kann, dies aber teilweise eine Vernetzung mit den laufenden Kosten bedeutet. Weitere Chancen ergeben sich durch gut vorbereitete Vertragsverhandlungen und das Vorhalten eines zweiten Fertigungsweges in Form eines Alternativanbieters oder eines Backup-Szenarios im eigenen Haus.

Als letzter Untersuchungsgegenstand wurden die kritischen Erfolgsfaktoren für Outsourcing identifiziert. Hier lassen sich Erkenntnisse in den Bereichen Veränderungsbereitschaft sowie den notwendigen Skills zur Umsetzung gewinnen. Transparenz und Dokumentation von Prozessen und Kosten in Unternehmen tragen, genauso wie eine Erfolgsmessung, zur Vermeidung von negativen Entscheidungen bei. Insbesondere die Flexibilität sich auf verändernde Gegebenheiten am Markt einstellen zu können, wird vor dem Hintergrund der Entwicklungen der letzten drei Jahre als besonders kritisch für den Erfolg und Fortbestand des Unternehmens bewertet. Zuletzt wurde festgehalten, dass ein wesentlicher Faktor in Form des Bewusstseins der aktuellen Situation und des dementsprechend sorgfältigen Handelns vorliegt.

4.2 Fazit des Autors

Bei der Erstellung des Fazits reflektiert der Autor die unterschiedlichen, zusammengetragenen Erkenntnisse aus der Literatur und seinen eigenen Schlüssen zur Beantwortung der Forschungsfrage:

Welchen Mehrwert liefert Outsourcing für Unternehmen unter den wirtschaftlichen Rahmenbedingungen der letzten drei Jahre und wie ist dieser quantifizierbar?

Basierend auf den Erkenntnissen der Veränderung der wirtschaftlichen Rahmenbedingungen seit Beginn der Wirtschafts- und Finanzkrise ist festzustellen, dass Unternehmen noch mehr Verantwortung für ihr Tun und Handeln übernehmen müssen. Dies liegt zum einen an der verhaltenen Kreditvergabe durch Banken als auch an den harten Anforderungen durch den Wettbewerb. Dies öffnet die Tore für die Bewertung alternativer Szenarien um erfolgreich zu sein. Wenngleich es für Outsourcing keine genauen Abgrenzungen aufgrund der Mutationen im Laufe der Zeit gibt, so kann dies für Unternehmen als Vorteil gesehen werden, da hier mittlerweile die Realisation verschiedener positiver Effekte für ein Unternehmen möglich sind.

Ebenso unterschiedlich sind die Motive von Unternehmen für Outsourcing. So setzen Unternehmen zum einen bei Outsourcing als strategische Größe an, während andere aus der Not heraus starten um wirtschaftlich wieder auf Kurs zu kommen. Letztendlich suchen Unternehmen alternative Szenarien um am Markt zu bestehen. Daher sind alle Motive im Kontext der Erfolgsorientierung zu werten.

Dieser Erfolg wird sich jedoch nur dann einstellen, wenn die Vorbereitungen für Outsourcing getroffen sind. Eine eingeschränkte Sichtweise auf einen Prozess bzw. eine wertschöpfende Tätigkeit ist in dieser Phase zu vermeiden. Es müssen sämtliche betriebswirtschaftliche Bereiche berücksichtigt und evaluiert werden.

Einerseits muss das Bewusstsein geschaffen werden wo man ist und wo man hin will. Auf der anderen Seite soll sichergestellt sein, dass die Strukturen und die Kommunikation im Unternehmen funktionieren. So können Hürden wie schnelle Marktveränderungen und Kostendruck gemeistert und der Fortbestand des Unternehmens gesichert werden.

Abschließend kann festgestellt werden, dass Outsourcing – gerade unter Berücksichtigung der wirtschaftlichen Rahmenbedingungen der letzten drei Jahre – einen Mehrwert für Unternehmen bringen kann. Die Quantifizierung des Mehrwerts ist in Form von verringerten Kapitalbindungskosten und Prozesskostenersparnissen möglich. Im Bereich des Flexibilitätszuwachses bei den Unternehmen bedarf es geeigneter, zu entwickelnder Methoden um den qualitativen Wert monetär quantifizieren zu können. Der Weg zur Realisation der möglichen Vorteile birgt jedoch auch Risiken im Bereich der Innovationskraft, Abhängigkeit und Wahl des Outsourcing-Partners in sich.

4.3 Empfehlung zur weiteren Forschung

In Hinblick auf das Ergebnis der Beantwortung der Forschungsfrage ist es dem Autor unumgänglich eine Empfehlung zur weiteren Forschung auszusprechen. Es wird eine differenzierte Erarbeitung der Thematik anhand Methoden zur Bewertung von qualitativen Mehrwerten oder eine empirische Vergleichsstudie empfohlen.

Daher empfiehlt der Autor, Studien zu folgenden Themen durchzuführen:

- Wie kann die gewonnene Flexibilität der Unternehmen in der Reaktion auf veränderte Marktgegebenheiten durch den Einsatz von Outsourcing gemessen werden?

- Wie verhält sich die Schere um Kostenreduktionen und Erlöszuwächsen durch den Einsatz von Outsourcing im Vergleich zu den Jahren vor 2007 und nach 2010?

Literaturverzeichnis

Aiginger, K. (2009). *Finanzkrise: Anlass, Ursachen, Strategien, inklusive Blick nach vorne.* Wien: Österreichisches Institut für Wirtschaft und Forschung.

Altmann, N., Kalchbrenner, W., & Weinhold, F. (2009). Makroökonomische Folgen von Finanzkrisen. In H. Abele, & A. Schubert, *Finanzkrisen - Ursachen, Auswirkungen und Lehren* (S. 227-276). Wien: Wirtschaftsuniversität Wien.

Armutat, S. (2009). *Lebensereignisorientiertes Personalmanagement.* Bielefeld: W. Bertelsmann Verlag GmbH & Co. KG.

Bals, L. (2008). *Sourcing of Services.* Wiesbaden: GWV Fachverlage GmbH.

Becker, H. P. (2010). *Investition und Finanzierung.* Wiesbaden: Gabler Verlag | Springer Fachmedien Wiesbaden GmbH.

Berger, D. (2010). *Wissenschaftliches Arbeiten in den Wirtschafts- und Sozialwissenschaften.* Wiesbaden: Gabler Verlag - Springer Fachmedien GmbH.

Berger, D., & Hienerth, C. (14. Oktober 2010). *Leitfaden für wissenschaftliche Arbeiten.* Abgerufen am 02. September 2011 von IMC FH Krems edesktop: http://edesktop.fh-krems.ac.at/departments/academic/Academic%20documents/Deutsch/03_Wissenschaftliches%20Arbeiten/Wissenschaftliches%20Arbeiten/01_Leitfaden_für_Wissenschaftliche%20Arbeiten_FHM-5-0003_V3_R01_2010_Gender.pdf

Berka, C., Humer, S., Kessler, B., & Moser, M. (2009). Die Bedeutung von Liquidität und Insolvenz für Finanzmarktkrisen: Evolution, Theorie und Empirie. In H. Abele, & A. Schubert, *Finanzkrisen - Ursachen, Auswirkungen und Lehren* (S. 151-206). Wien: Wirtschaftsuniversität Wien.

Bogensberger, S., Messner, S., Zihr, G., & Zihr, M. (2008). *Kostenrechnung: Eine praxis- und beispielorientierte Einführung.* Sollenau: grelldenk Verlag.

Brunetti, A. (2011). *Wirtschaftskrise ohne Ende?* Bern: hep verlag ag.

De Bono, K. C., Nikolik, D., & De Bono, S. (2011). Competitive Potential of Micro-sized IT Outsourcing Vendors in a Small State of the European Union: A Case of Malta. *Journal of Outsourcing and Organizational Information Management (Vol. 2011).*

Eschenbach, R., & Siller, H. (2011). *Controlling professionell: Konzeption und Werkzeuge.* Stuttgart: Schäffer-Poeschel Verlag für Wirtschaft . Steuern . Recht GmbH.

Fischer, H., Fleischmann, A., & Obermeier, S. (2006). *Geschäftsprozesse realisieren.* Wiesbaden: Friedr. Vieweg & Sohn Verlag.

Gadatsch, A. (2006). *IT-Offshore realisieren.* Wiesbaden: Friedr. Vieweg & Sohn Verlag.

Gareis, R. (2006). *Happy Projects.* Wien: MANZ'sche Verlags- und Universitätsbuchhandlung GmbH.

Hodel, M., Berger, A., & Risi, P. (2006). *Outsourcing realisieren.* Wiesbaden: Friedr. Vieweg & Sohn Verlag.

Hollekamp, M. (2005). *Strategisches Outsourcing von Geschäftsprozessen.* Mering: Rainer Hampp Verlag.

Hutzschenreuter, T., Dresel, S., & Ressler, W. (2007). *Offshoring von Zentralbereichen.* Berlin Heidelberg: Springer-Verlag.

Jaspersen, T. (2005). *IT-Controlling für Mittel- und Kleinbetriebe.* Berlin: Erich Schmidt Verlag GmbH & Co.

Jouanne-Diedrich, H. (2008). *Produktorientiertes IT-Sourcing auf Fachseite.* München: RED trade Media Service.

Kesten, R., Müller, A., & Schröder, H. (2007). *IT-Controlling: Messung und Steuerung des Wertbeitrags der IT.* München: Verlag Franz Vahlen GmbH.

Kleiner, M., Müller, L., & Köhler, M. (2005). *IT-Sicherheit - Make or Buy.* Wiesbaden: Friedr. Vieweg & Sohn Verlag.

Koether, R. (2011). *Taschenbuch der Logistik.* München: Fachbuchverlag Leipzig im Carl Hanser Verlag.

Köhler-Frost, W. (2005). *Outsourcing - Schlüsselfaktoren der Kundenzufriedenheit.* Berlin: Erich Schmidt Verlag GmbH & Co.

Kostka, C., & Mönch, A. (2009). *Change Management: 7 Methoden zur Gestaltung von Veränderungsprozessen.* München: Carl Hanser Verlag.

Kotler, P., Keller, K. L., & Bliemel, F. (2007). *Marketing-Management.* München: Pearson Education Deutschland GmbH.

Kumar, S., & Zander, M. (2007). *Supply Chain Cost Control Using Activity-Based Management.* Boca Raton, FL: Taylor & Francis Group, LLC.

Kütz, M. (2005). *IT-Controlling für die Praxis: Kopnzeption und Methoden.* Heidelberg: dpunkt.verlag GmbH.

Lechner, K., Egger, A., & Schauer, R. (2008). *Einführung in die Allgemeine Betriebswirtschaftslehre.* Wien: Linde Verlag Wien Ges.m.b.H.

Littkemann, J., Derfuß, K., & Gorius, C. (2010). Controlling innovativer Projekte – Eine empirische Analyse am Beispiel des IT-Offshore-Outsourcings. *BFuP | Betriebswirtschaftliche Forschung und Praxis (Heft 6)*, S. 603-621.

Lux, W. (2010). *Performance Management: Effiziente Strategieentwicklung und -umsetzung.* Stuttgart: W. Kohlhammer Druckerei GmbH + Co. KG.

Marx Gómez, J., Junker, H., & Odebrecht, S. (2009). *IT-Controlling: Strategien, Werkzeuge, Praxis.* Berlin: Erich Schmidt Verlag GmbH & Co.

Müller-Stewens, G., & Lechner, C. (2011). *Strategisches Management: Wie strategische Initiativen zum Wandel führen.* Stuttgart: Schäffer-Poeschel Verlag für Wirtschaft . Steuern . Recht GmbH.

Nolting, R. (2006). *Netzbasiertes Outsourcing in kleinen und mittleren Unternehmen.* Frankfurt am Main: Peter Lang GmbH.

Olfert, K. (2009). *Kompakt-Training Organisation.* Ludwigshafen: Friedrich Kiehl Verlag GmbH.

Patzak, G., & Rattay, G. (2009). *Projektmanagement: Leitfaden zum Managen von Projekten, Projektportfolios, Programmen und projektorientierten Unternehmen.* Wien: Lince Verlag Wien Ges.m.b.H.

Pohl, L. (2009). *IT-Outsourcing: Lizensierung von Fremdsoftware.* Wien: LexisNexis Verlag ARD Orac GmbH & Co KG.

Porter, M. E. (2008). *On competition.* Boston: Harvard Business School Press.

Reichert, T. (2005). *Outsourcing interner Dienste.* Wiesbaden: Deutscher Universitäts-Verlag.

Rössl, D. (2008). *Die Diplomarbeit in der Betriebswirtschaftslehre.* Wien: Facultas Verlags- und Buchhandels AG.

Schewe, G. (März 2007). Outsourcing - mehr als Offshoring. *zfo | Zeitschrift für Führung + Organisation*, S. 129.

Schewe, G., & Kett, I. (2007). *Business Process Outsourcing.* Berlin Heidelberg: Springer-Verlag.

Schulmeister, S. (2009). *Die neue Weltwirtschaftskrise - Ursachen, Folgen, Gegenstrategien.* Wien: Kammer für Arbeiter und Angestellte für Wien.

Söbbing, T. (2006). *Handbuch IT-Outsourcing.* Heidelberg: Verlagsgruppe Hüthig Jehle Rehm GmbH.

Song, H. M., & Wong, S. F. (2009). Understanding Customer Satisfaction in the IT Outsourcing Environment: A Classification of Quality Attributes. *Journal of Outsourcing and Organizational Information Management (Vol. 2009)*.

Speculand, R. (2009). Six necessary mind shifts for implementing strategy. *Business Strategy Series (Vol. 10 Iss: 3)*, S. 167-172.

Stock, R. (2004). Marktorientiertes Personalmanagement: Erfolgsrelevanz und Bedeutung im Rahmen der marktorientierten Unternehmensführung. In C. Homburg, *Perspektiven der marktorientierten Unternehmensführung* (S. 119-144). Wiesbaden: Deutscher Universitäts-Verlag - GWV Fachverlage GmbH.

Stöger, R. (2007). *Strategieentwicklung für die Praxis.* Stuttgart: Schäffer-Poeschel Verlag für Wirtschaft . Steuern . Recht GmbH.

Stolzenberg, K., & Heberle, K. (2009). *Change Management: Veränderungsprozesse erfolgreich gestalten - Mitarbeiter mobilisieren.* Heidelberg: Springer-Medizin-Verlag.

Strasser, W. (2004). *Erfolgsfaktoren für die Unternehmensführung.* Wiesbaden: Betriebswirtschaftlicher Verlag Dr. Th. Gabler / GWV Fachverlage GmbH.

Tan, D. C. (2009). The Relationship between the Perceived Threat from Information Technology Outsourcing and Job Satisfaction of Information Technology Professionals. *Journal of Outscoring and Organizational Information Management (Vol. 2009)*.

Wagner, K. W., & Käfer, R. (2010). *PQM: Prozessorientiertes Qualitätsmanagement.* München: Carl Hanser Verlag.

Walter, N., & Quitzau, J. (2011). *Wer soll das bezahlen? - Antworten auf die globale Wirtschaftskrise.* München: Pattloch Verlag GmbH & Co. KG.

Weber, J., & Zubler, S. (2010). *Controlling in Zeiten der Krise.* Weinheim: WILEY-VCH Verlag GmbH & Co. KGaA.

Weimer, G., & Seuring, S. (Januar 2008). Informationsbedarfe beim Outsourcing. *zfo | Zeitschrift für Führung + Organisation*, S. 24-31.

Wullenkord, A., Kiefer, A., & Sure, M. (2005). *Business Process Outsourcing.* München: Verlag Franz Vahlen GmbH.

Wünsche, M. (2010). *Performance Contracting: Effiziente Kooperations- und Leistungsanreize in der Outsourcing-Beziehung.* Berlin: dbusiness GmbH.

Zahn, E., Ströder, K., & Unsöld, C. (2007). *Leitfaden zum Outsourcing von Dienstleistungen: Informationen für die Praxis.* Stuttgart: Industrie- und Handelskammer Region Stuttgart.

Anhang

Anlagenverzeichnis

Anhang 1: Systematisierung der Ursachen der Krise 54
Anhang 2: Phasen im Prozess des strategischen Managements 56

Anhang 1: Systematisierung der Ursachen der Krise
Quelle: Aiginger, 2009, S. 7

Auslöser	• Ungesicherte Kredite an US-Hausbesitzer • Politisch begrüßt, trickreich verkauft • Gebündelt, geratet, weitergegeben
Regulierungs-versagen	• Unterschätzung, Ideologie, Selbstregulierungsthese • Überwältigt von Innovationen, Internationalisierung, Heterogenität • Prozyklik in Regeln verstärkt (mark to market) • Oligopolstruktur, Aktienmarktnotierung von Ratingagenturen • Unterschätzung kumulativer, systemischer Risiken • Schattenbanken, ungenügend regulierte Derivativmärkte
Überhöhte Renditeerwartungen	• Durch Heterogenität der Gewinne nach Länder / Firmen nicht erkannt • Eigenkapitalergänzungen, Auslagerung von Risken • Nicht vollständige Absicherung systematischer Risken • Anstieg der Verschuldung (Leveraging): Banken, Realwirtschaft, Konsumenten
Fehler in Anreizsystemen / Risikomanagement	• Bonus für kurzfristige Erfolge, Stock Options • Fusions- und Größenillusion • Spekulation als attraktiver Berufszweig • Höhere Erträge in Finanzkapital relativ zu Realkapital • Risikolose Versprechungen von Beratern, Pensionsfonds
Makroökonomische Ungleichgewichte	• Überschusse der "Emerging Asian Countries", Ölländer • Dreifaches Defizit der USA: Handel, Budget, Sparen • Unzureichende Geldmengenreduktion nach Erholung 2002 • Reinvestition des anlagesuchenden Kapitals in USA
Verstärker	• "Bubbles" bei Währungen, Rohstoffen, Öl, Nahrungsmitteln

	- Spezialisierte (just in time) Beziehungen Abnehmer/Zulieferer - Zunehmende Unternehmensgröße (weltweite Oligopole) - Kurzfristigkeit der Gewinne, Bilanzregeln, Analysehorizont - Knappheit Rohstoffe, Energie, Nahrung; Autokrise - Ungleiche Einkommens- und Vermögensverteilung - Kreditvergabe und Weitergabemodell ("originate to distribute")
Schwäche der weltweiten Koordinierung	- IMF, Weltbank, G7, Wettbewerbskontrolle, Steueroasen - Unterschätzung systemischer Risken durch Multipolarität

Anhang 2: Phasen im Prozess des strategischen Managements
Eigene Darstellung von Eschenbach und Siller, 2011, S. 156

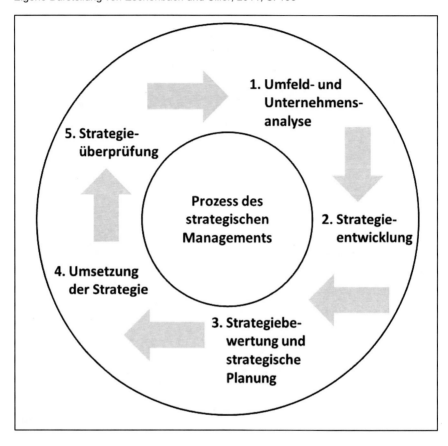